Natalie Derkits

Komm
mit zu dir
selbst

Sag ja zu dir und
deinem Leben!

Lerne deinen Alltag mit der Kraft
deiner Dankbarkeit sowie deiner Gedanken
bewusst und aktiv zu erleben.

Impressum

Verfasserin:

Natalie Derkits, BA, MA

Taubengasse 38, 7400 Oberwart

Foto Autorin:

© Anna Sommerfeld Photography

Umschlaggestaltung, Grafik:

Patrick Mannsberger, Michi Schwab

Alle: Union Wagner, 1030 Wien, www.unionwagner.at

ISBN: 9783757976729

Aus Gründen der besseren Lesbarkeit wird auf die gleichzeitige
Verwendung der Sprachformen männlich, weiblich und divers (m/w/d)
verzichtet und hauptsächlich das generische Maskulinum angewendet.
Sämtliche Personenbezeichnungen und personenbezogene Hauptwörter

Herstellung und Druck über tolino media GmbH & Co. KG,
Albrechtstr. 14, 80636 München. Printed in Germany.
Fragen zu Produktsicherheit an: gpsr@tolino.media.

Natalie Derkits

Komm mit zu dir selbst

Sag ja zu dir und deinem Leben!

Lerne deinen Alltag mit der Kraft
deiner Dankbarkeit sowie deiner Gedanken
bewusst und aktiv zu erleben.

Inhalt

Ich bin stolz auf mich.

„Wow, die ist ja überheblich und hochnäsig", werden nun viele behaupten.

Dazu eine kurze Erklärung ohne Rechtfertigung, denn du darfst dir erlauben, stolz auf dich selbst zu sein: Ich bin stolz auf mich, weil ich es gewagt habe, mich zu öffnen; mich für meinen Erfolg zu öffnen. Erfolgreich bist du nicht nur beruflich, erfolgreich kannst du auf allen Ebenen in deinem Leben sein. Ich habe mich für meine Träume geöffnet und mir mit diesem Buch, das du nun in den Händen hältst, einen ersten großen Traum erfüllt.

Jeder, der bereits ein Buch geschrieben hat, wird wissen, dass es mich viel Arbeit gekostet hat. Arbeit zum Schreiben, aber noch viel mehr Arbeit, die Kraft meiner Gedanken zu steuern. Arbeit, meinen Mut langfristig aufrechtzuerhalten, und Arbeit, mir selbst, meiner Kraft und meinen Stärken zu vertrauen, trotz aller Unsicherheiten, die sich immer wieder meinem Weg und meinem Projekt entgegengestellt haben. Wenn du noch kein Buch geschrieben hast, musst du das nicht verstehen. Das ist okay. Ich möchte an dieser Stelle einfach nur aktiv und bewusst stolz auf mich selbst sein.

Ich habe nun über ein Jahr an diesem Buch gearbeitet, und es ist mir schwergefallen, meine Gefühle von Erfolg und Stolz zuzulassen. Deshalb habe ich vor dem Schreiben des Vorworts innegehalten und reflektiert. Reflektiert, wie ich gestartet bin, warum ich weitergemacht habe und was ich bereits für mich selbst damit erreicht habe. Und nun darf und möchte ich einfach mal stolz darauf sein, stolz auf mich sein. Und du: Du darfst stolz auf dich sein, dass du dir dieses Buch gekauft hast und du dir selbst wichtig bist. Du hast dich damit für den Aufbau und die Stärkung deiner (mentalen) Gesundheit entschieden, und ich bin nun noch stolzer und vor allem dankbar, dich auf dieser Reise begleiten und unterstützen zu dürfen.

#kommmitzudirselbst

Einleitung

Ich hätte als Titel für dieses Buch auch „Liebe Natalie ..." oder „Den Coach, den ich nie hatte" oder auch „Den Coach, den ich damals gebraucht hätte" wählen können.

Du konntest bereits der Rückseite des Buches entnehmen, auf welche Reise ich dich hier in meinem Buch mitnehmen werde. Wir werden gemeinsam den Weg zu uns selbst mit uns selbst und für uns selbst gehen. Ich möchte dich an der Hand nehmen und dir in einfachen Worten, mit einfachen Tools und Übungen sowie mit und durch meine erfahrungsbasierten Gedanken und Einstellungen zeigen, dass dein Leben nicht so ist, wie es ist. Dein Leben ist genau so, wie du es formst, veränderst und gestaltest. Ob du nun studierst oder schon mitten im Berufs- und Familienleben stehst, du darfst, und vor allem du sollst dein Leben aktiv leben, Momente wieder bewusst erleben und dir dein eigenes Glück schaffen. Lass dir gleich zu Beginn gesagt sein, dass du alleine für dich, dein Wohlbefinden und dein Leben verantwortlich bist, was auch heißt, dass du von Anfang an verstehen musst, dass es keine Übung, kein Tool und keine fremden Erfahrungen gibt, die dir dein persönliches Glück bequem auf einem Tablett liefern können. Wäre ja auch zu einfach, um nicht zu sagen, langweilig und uninteressant. Die Reise zu dir selbst und mit dir selbst ist mitunter eine der schönsten Reisen, die du unternehmen wirst. Es ist eine Reise, die niemals enden wird, vorausgesetzt du bist bereit, dein Leben in die Hand zu nehmen und achtsam damit umzugehen. Es darf und wird dir bestimmt nicht nur einmal entgleiten, ein bisschen ruckeln oder ins Ungleichgewicht geraten. Damit du es dann aber wieder in den Griff bekommst, will ich meine Erfahrungen, meine Gedanken und auch verschiedene Anleitungen zur Entwicklung deines selbstsicheren, achtsamen und glücklichen Ichs mit dir teilen. Ich möchte dich an all den Schwierigkeiten und Learnings meines bisherigen Lebensweges teilhaben lassen, einfach damit du die Anforderungen des Lebens mit dieser Unterstützung viel schneller meistern kannst, als es mir damals gelungen ist.

Du bist nun wahrscheinlich neugierig geworden, wer ich bin und was mich dazu veranlasst hat, dieses Buch zu schreiben. Vor allem willst du sicherlich erfahren, mit welchen Schwierigkeiten und Problemen ich mich im Leben schon auseinandersetzen musste und warum gerade ich dir dabei helfen kann, eine Gedankenunterstützung zu sein.

Ich habe nun 33 Jahre an Lebenserfahrung erreicht, in denen ich den Bachelor in „Gesundheitsförderung und Gesundheitsmanagement" (2012) sowie den Master in „Management im Gesundheitswesen" (2014) an einer Fachhochschule in Österreich absolviert habe. Nach Abschluss des Studiums habe ich meine Lebenserfahrungen zunächst sieben Jahre lang im elterlichen Gastronomiebetrieb machen dürfen. Nun bin ich seit zwei Jahren im österreichischen Gesundheitswesen als wissenschaftliche Mitarbeiterin und Studienkoordinatorin in einem Ordenskrankenhaus in Wien tätig und habe nebenbei die Aus- beziehungsweise Weiterbildung zur Diplomierten Gesundheitsmanagerin an der Wirtschaftsakademie Wien absolviert. Darüber hinaus befinde ich mich aktuell (zum Erscheinen dieses Buches, Ende 2023) in einer weiteren Ausbildung zur Diplomierten Mentaltrainerin, die ich im April 2024 abschließen werde.

Mein beruflicher Werdegang, insbesondere die Zeit in unserem Restaurant, gekoppelt mit meiner Ausbildung im Gesundheitsförderungsbereich, haben, ohne dass es mir damals bewusst war, die Grundlage für meine weiteren Tätigkeiten und schließlich auch für dieses Buchprojekt geschaffen.

Alles im Leben hat seine Zeit und seine Daseinsberechtigung. Die Erfahrungen in der Gastronomie waren sehr wertvolle Lebenserfahrungen im Hinblick auf Interaktion, zwischenmenschliche Beziehungen, aber auch für die Stärkung des Selbstbewusstseins und Selbstwertgefühls. Hinzu kamen bei mir aber persönliche, familiäre Erfahrungen beziehungsweise Herausforderungen, die mich oft an meine Grenze kommen ließen. Ich erinnere mich daran, dass diese Zeit keine einfache war, weder für mich noch für meine Familie. Gastronomiealltag und familiäre Erkrankungsmuster in Verbindung mit der Selbstständigkeit machten meine Probleme wahrscheinlich ein bisschen schwerer und herausfordernder. Ich möchte nicht unerwähnt lassen, dass ich diesen Aufgaben gerne nachgegangen bin und dass ich mich selbst dafür entschieden hatte, die letzten Jahre mit meinen Eltern gemeinsam bis zu deren Pensionierung im Restaurant zu arbeiten. Personalprobleme im Unternehmen und meine eigene Einstellung, neben und für meine Familie immer präsent zu sein, ließen mich nie an dieser Entscheidung zweifeln. Wie erwähnt, machte mir das Arbeiten Freude und bereicherte meine Lebenserfahrung. Trotzdem muss ich gestehen, dass es eine teilweise sehr schwierige Zeit für mich selbst, für meine Beziehungen in allen Lebensbereichen sowie für unser Familiengefüge war. Ich lebte buchstäblich für unseren Betrieb und für meine Familie. Das waren die beiden wichtigen und auch einzigen Komponenten in meinem damaligen Leben. Ich wusste, diese Arbeit war zeitlich begrenzt, und doch fühlten sich manche Tage wie Wochen an und manche Wochen wie Monate. Immer den Blick auf unser Wochenende sowie auf den nächsten Urlaub gerichtet, schleppte ich mich meistens quasi durch die restliche Zeit im Jahr. Darunter litten natürlich andere Beziehungen und auch mein Leben außerhalb dieser beiden Settings von Restaurant und Familie. Warum ich dir das erzähle und was ich dir davon mitgeben möchte, ist zum einen das Verständnis für meinen Weg bis hierher und zum anderen der Mehrwert, den ich für dich mit diesem Buch insofern daraus geschaffen habe, als ich dir sozusagen eine Anleitung als Coach gebe, der nicht nur darüber gelesen und gelernt hat, sondern der das, worüber er jetzt schreibt, selbst in extremer Form erfahren und erlebt hat.

Ich habe erfahren, wie es ist, Dinge fast immer mit mir selbst auszumachen, Probleme mit mir selbst für mich selbst, aber vor allem auch für andere zu lösen, und wie es ist, Freizeit und Freude fast ausschließlich mit mir selbst zu teilen und zu erleben. Ich habe erfahren, wie es ist, trotz aller Herausforderungen lebensfroh zu bleiben beziehungsweise es wieder zu werden und Hobbys zu finden, die mich auf diesem schwierigen Weg als mentale und körperliche Unterstützung begleitet haben. Ich habe erfahren, wie es ist, mich selbst, meinen Körper und meine Psyche irgendwie gesund zu halten beziehungsweise zumindest nicht krank werden zu lassen, und dass ich eine Stärke entwickelt habe, die mir immer Hoffnung gegeben hat und mich weiterhin träumen hat lassen. Ich habe dabei auch erfahren, dass ich mich durch meinen Willen, meine Disziplin und mit dem Glauben an das Gute und Positive selbst immer wieder aufgerichtet, weiterentwickelt und es durch meine Dankbarkeitskraft geschafft habe, meine innere mentale Basis nachhaltig zu festigen. Ich möchte nicht von Glück sprechen, dass ich in keine Depression und in kein Burnout gefallen bin, denn das war harte Arbeit, Disziplin und Durchhaltevermögen sowie immer die Hoffnung auf das Gute und das Schöne in meinem Leben. Arbeit mit mir selbst, meinem Mindset, für mich selbst und mein Leben sowie für meine und die Zukunft meiner Familie. Genau von dieser Arbeit, von dieser Schaffung eines starken mentalen Mindsets und einer Stärkung der Beziehung zu dir selbst, darüber schreibe ich in diesem Buch.

Gesundheit ist schon lange nicht mehr nur die Abwesenheit von Krankheit. Gesundheit ist unser höchstes und kostbarstes Gut, das wir unser gesamtes Leben selbst steuern, mal mehr in die eine, mal mehr in die andere Richtung.

Es gibt mehr als genug Forschungsbeiträge und -bücher in diesem breit gestreuten Feld des Gesundheitsbegriffs. Ich möchte mit meinem Beitrag aber weder forschen noch zitieren, sondern einen Austausch mit dir führen und dich vor allem zum Nachdenken, zum Reflektieren und Hinterfragen sowie zum Aktivwerden anleiten. Ich gebe dir Übungen mit, damit auch du deine Möglichkeiten ausschöpfen kannst, um deine (mentale) Gesundheit und dein (mentales) Wohlbefinden sowie deine Lebensqualität zu erhöhen und zu stärken. Mein Ziel ist es, dich zu erreichen, weil du dich bisher eher wenig mit deiner eigenen (mentalen) Gesundheit und deren Wahrnehmung beschäftigt und dir deine innere Glücksbasis noch nicht aufgebaut hast. Ich möchte dich nun zu dir selbst zurückführen, mit all den einfachen Tools und Anleitungen, die du in deinen Alltag integrieren kannst.

Dieses Buch basiert ausschließlich auf meinen persönlichen Erfahrungen sowie meiner aktiven und weitreichenden Auseinandersetzung mit diesem Thema und soll eine Art Wohlfühloase sowie ein Wegweiser sein. Das Leben ist eine ständige Weiterentwicklung, ein stetiger Lernprozess, der hin und wieder auch Rückschritte erfährt.

Ich werde dich in keine bestimmte Richtung lenken, da es meiner Meinung nach nicht die einzig richtige Richtung gibt, weder im Gesundheitsbereich noch im Leben allgemein. Der Gesundheitsbegriff lässt sich weit spannen und in viele kleine Teilbegriffe untergliedern, sei es zum Beispiel die psychische, die körperliche und die seelische Gesundheit. Darüber hinaus wird unter anderem von Gesundheitsförderung, betrieblicher Gesundheitsförderung, betrieblichem

Gesundheitsmanagement, Prävention usw. gesprochen. Zu all diesen Themen gibt es eine Reihe von Sach- und Lehrbüchern sowie Forschungsprojekte und -werke, in denen diese Begriffe definiert, näher beschrieben und mit konkreten Beispielen, auch mit Anwendungsbeispielen aus der Praxis, belegt werden.

Das Ziel dieses Buches – wie auch Ziel der Gesundheitsförderung – ist es, dich zu empowern, dich zu befähigen und deine eigenen Gedanken in die für dich selbst richtige Richtung (zurück)zu lenken. Bewusstsein schaffen. Da es die eine richtige Richtung nicht gibt, dürfen wir uns gleich zu Beginn bewusst machen, dass es ein lebenslanger und immer fortdauernder Prozess ist. „Learning by doing" sozusagen, um das eigene Mindset so zu stärken, so stark zu empowern und zu befähigen, dass du sofort erkennst, wenn du für dich selbst und zur Förderung deiner eigenen (mentalen) Gesundheit nicht im positiven Sinne gehandelt hast, und dass du für dich und für deinen Körper, für deine (mentale) Gesundheit das nächste Mal anders handeln möchtest. Ich spreche bewusst nicht von „besser handeln", da es kein Gut oder Schlecht gibt. Selbstverständlich weißt du, dass „Rauchen und Fast Food per se schlecht sind". Du weißt, warum es schlecht beziehungsweise nicht gesundheitsförderlich ist. Die Frage dazu sollte aber lauten: Wann ist es schlecht? Ein Cheeseburger mit Pommes und Mayonnaise ist nicht schlecht, auch ein zweiter nicht. 365 Cheeseburger wären dann wohl eher schlecht, das heißt jeden Tag Fast Food beziehungsweise jeden Tag eine Packung Zigaretten, das wäre schlecht. Ich glaube, du denkst jetzt darüber nach; und genau das ist mein Ziel, zum

Nachdenken anregen und dich dazu bringen, dir selbst Fragen zu stellen, zu reflektieren und dich selbst aktiv zu informieren.

Ein anderes Beispiel, das ich hier gerne noch anbringen möchte, da mir das auch als Nicht-Ernährungsexpertin immer wieder ein großes Anliegen ist. Wenn ich neue oder mir fremde Produkte kaufen will, schaue ich als Allererstes auf die Rückseite der Verpackung, um die Zutatenliste durchzugehen. Unabhängig davon, ob ich es dann kaufe oder nicht, habe ich mich für mich selbst aktiv darüber informiert, welche Zutaten und wie viel davon in dem Produkt enthalten ist, und entscheide dann, ob ich es kaufe oder nicht. Das heißt, ich habe mich informiert und wähle das Produkt danach bewusst.

Du sollst mit diesem Buch und seinen Anleitungen sowie durch meine Erfahrungen und Gedankenanregungen dir selbst dein positives Mindset schaffen und deine (mentale) Gesundheit langfristig und nachhaltig stärken. Du kannst dir einige Kapitel immer wieder in für dich relevanten Situationen oder Lebensphasen aufschlagen und dir die Keynotes und Übungen visualisieren. Wir haben Dinge oft in unserem Kopf verankert, die durch Visualisierung, also durch Veranschaulichen, wieder nach vorne ins Gedächtnis gerufen werden können und an Bedeutung gewinnen. Dadurch wird die Motivation in für uns herausfordernden Lebensphasen und bestimmten Lebenssituationen wieder gestärkt, sodass unser Bewusstsein und die Gedanken gesteuert werden.

Mentales Wohlbefinden ist keine momentane Stimmung. Du aber kannst deine eigene (mentale) Gesundheit sowie Lebensqualität selbst und entsprechend deinen individuellen Möglichkeiten, die ich dir mitunter in diesem Buch aufzeigen werde, erhöhen und stärken. Du kannst zu deiner eigenen (mentalen) Gesundheit in hohem Maße selbst beitragen und sie mit und durch deine Dankbarkeitskraft und die Kraft deiner Gedanken steuern. Lass dir aber noch einmal ganz zu Beginn hier gesagt sein, dass der Aufbau und die Stärkung der Beziehung zu dir selbst und die damit einhergehende Achtsamkeit sowie Selbstfürsorge nichts sind, was du ab und an machen kannst, indem du dich beispielsweise einmal pro Monat gesund ernährst oder Sport machst. Nein. Selbstfürsorge soll permanent in deinen Gedanken und in deinen Alltag integriert werden, damit du nachhaltig und langfristig in der Lage bist, gut und aktiv selbst für dich zu sorgen.

Die Begriffe des Mindsets und der (mentalen) Gesundheit sind die Schlüsselwörter in diesem Buch und wurden bereits mehrfach genannt.

Zum besseren Verständnis möchte ich dir diese beiden Begriffe zum Abschluss der Einleitung noch veranschaulichen. Mindset kannst du mit Denkweise übersetzen. Es bedeutet deine Haltung, deine Einstellung, deine Denkweise und auch deine Mentalität und resultiert aus deinen eigenen Erfahrungen und Erlebnissen aus deiner Vergangenheit.

Beim Gesundheitsbegriff setze ich das Wort „mental" immer in Klammern, ich nenne es deine eigene (mentale) Gesundheit und dein (mentales) Wohlbefinden, da ich der Meinung bin, dass deine Gesundheit als Gesamtpaket vor allem und in erster Linie von deiner psychischen Gesundheit, deinen Gedanken und somit von deinem mentalen Wohlbefinden abhängig ist und von diesem und deiner persönlichen Einstellung gesteuert und gelenkt wird.

> „Veränderung wird nur hervorgerufen durch aktives Handeln, nicht durch Meditation oder Beten allein."
>
> Dalai Lama

Einführungs-kapitel

Es ist genug Erfolg und Glück für alle da

*Von Neid und Missgunst und warum es uns so
schwerfällt, anderen Erfolg zu gönnen
und selbst Erfolg zu haben.*

Warum können wir anderen keinen Erfolg gönnen?
Warum erkennen wir nicht endlich, dass durch Neid
und Missgunst weder unser Erfolg größer wird noch
der Erfolg der anderen schmäler? Warum unterstützen wir uns nicht gegenseitig? Es ist doch genug Erfolg
und Glück für alle da.

Ich bin erfolgreich. Ich bin glücklich. Eigenschaften,
die wir alle gerne hätten. Die guten Neuigkeiten, die
ich euch gleich zu Beginn verraten kann: Wir können
diese Eigenschaften alle haben. Ja, das können wir,
denn wir können alles, was wir uns visualisieren und
vorstellen können.

Wir sehen Person XY, die mehrere Millionen Umsatz
mit ihrem Unternehmen macht (wobei Umsatz nicht
gleich Gewinn ist, das verwechseln wir nämlich auch
sehr gerne!). Wir sehen Person YZ, die eine tolle Führungsposition innehat, ein Haus besitzt, einen Partner, die Kinder hat und ein großes neues Auto fährt.

Glück zeigen und glücklich sein ist selbstverständlich ein Unterschied. Warum und wann wir glücklich sind und ganzheitliches Glück empfangen können, ist abhängig von unserem Mindset und dessen Wachstum. Wir nehmen hier aber an, dass diese Personen nicht überarbeitet sind, sondern ihre Work-Life-Balance gefunden haben und somit von innen heraus glücklich und erfolgreich sind. Wir hinterfragen nicht. Wir wissen nicht, warum sie das sind und wie sie dazu gekommen sind. Das interessiert uns nicht.

Warum begnügen wir uns eigentlich (meistens) damit, nur oberflächlich informiert zu sein, warum geben wir uns damit zufrieden? Es interessiert uns leider auch nicht, dass wir durch Neid und Missgunst gegenüber diesen Personen unseren eigenen Erfolg und unser eigenes persönliches Glück nicht steigern können und nicht steigern werden. Erfolg, Glück und Zufriedenheit sind Resultate aus persönlicher Arbeit, Einstellung und unserer eigenen Lebensweise. Es sind Resultate unseres eigenen Mindsets.

Ich gönne Person XY den Erfolg nicht, weil ich vermutlich immer noch nur zuschaue. Ich verändere aber auch nichts an mir, in mir und an meiner Einstellung sowie an meiner Lebensweise, bin aber weiterhin neidisch und missgünstig. Warum ist Person XY so erfolgreich und ich nicht?

Ich kann dir sagen, es wird sich nichts verändern, zum Glück nicht, wäre ja auch unfair. Person XY wird weiterhin erfolgreich und glücklich sein, weil sie weiterhin hart dafür arbeitet, und du wirst weiterhin zu

Hause schmollen, in deiner bequemen Lage verharren, weiterhin missgünstig sein und dir wünschen, auch erfolgreich zu sein. Das Beste daran ist zudem noch, dass wir uns meistens gar nicht wünschen, erfolgreich zu werden, sondern es einfach schon sein möchten. Gleichzeitig wissen wir aber sehr wohl, dass das nicht funktioniert und Erfolg und Glück nicht über Nacht in unser Leben treten.

Wie kann ich denn dann erfolgreich und glücklich werden, wirst du dich jetzt fragen.

Wir haben unser Leben, unser Glück und unseren Erfolg selbst in der Hand. Es ist alles in uns, wir müssen es nur aktivieren. Es beginnt im Kopf. Jeder Gedanke, jede Idee, jeder Traum und jeder Wunsch. Wir alleine haben es in der Hand, ob unsere Träume und Ideen in unserem Kopf bleiben oder auch mal hinauswandern: vielleicht auf ein Blatt Papier, in dein Notizbuch oder in deinen Kalender. Schreibe dir deine Gedanken und Träume auf, verwandle sie so in Ziele und beginne dir darüber konkrete Vorstellungen zu machen. Wenn du dir deine Wünsche visualisieren kannst, kannst du sie auch umsetzen. Nicht jede Idee, nicht jeder Wunsch wird vermutlich genau so in deiner Realität ankommen, wie in deinem Wunschuniversum projiziert. Manche werden nur halb so gut werden, dafür andere sogar besser. Daher träume groß und denke groß. Das Wichtigste dabei ist, das Ziel und dein Warum zu kennen und diese beiden Komponenten, also deine Leidenschaft und deine Motivation, nie aus den Augen zu verlieren, dir selbst zu vertrauen, dir selbst immer treu zu bleiben und immer ehrlich zu dir zu sein. Lass dir auch niemals von äußeren Umständen, und schon gar nicht von anderen Menschen, auch nicht von der Gesellschaft im Allgemeinen, sagen, das wird nichts, weil … weil du es dir nicht vorstellen kannst, dass ich meine Ideen und Ziele erfolgreich umsetzen werde, oder … weil du mir diesen Erfolg und mein Glück auf meinem Weg und bei der Erreichung meiner Träume nicht gönnen würdest.

Egal wie viele Tage und Situationen es geben wird, in denen nicht alles so funktioniert wie in deiner Vorstellung, lass deine Leidenschaft, deine Motivation und deinen Mut langfristig immer größer sein als die Unsicherheiten, die sich ab und zu auf deinem Weg einschleichen.

Die guten Neuigkeiten zum Ende dieses Abschnitts möchte ich dir selbstverständlich auch nicht vorenthalten: Du kannst sofort damit beginnen, jetzt, hier und heute, deine Lebenssituation zu verändern und dafür zu arbeiten. Das Geheimnis, das eigentlich keines ist, lautet: Einfach tun, einfach beginnen! Nicht warten! Worauf auch? Erfolg hat drei Buchstaben: TUN. Die Formel lautet: Mut > Angst und Unsicherheit / Leidenschaft > Neid und Missgunst der Gesellschaft!

Lerne, dich mit anderen zu freuen und ihnen ihren Erfolg zu gönnen, Freunde und Kollegen vielleicht sogar ein Stück weit zu begleiten und zu unterstützen, wenn es deine (mentale) Gesundheit und dein Mindset zulassen. Es kann dich selbst und dein Glück auf eine höhere Stufe bringen.

Das habe ich gelernt
und möchte dir weitergeben:

... Deine Dankbarkeitskraft ins Leben lassen. Sie lenkt dich und
zeigt dir den Weg.

... Bereit sein für alles Gute, für alles, was du erleben und
machen möchtest.

... Frieden mit deiner Vergangenheit schließen und dein
vergangenes Ich annehmen.

... Dich und all deine Bedürfnisse wahr- und annehmen, sie
schätzen lernen.

... Chancen wahrnehmen und Möglichkeiten sehen.

... In jeder Aufgabe eine Erfahrung, ein neues Learning sehen.

... Routinen für deinen Alltag schaffen (Bewegung, Sport,
Ernährung, Pausen).

... Eine aktive Fehlerkultur dir selbst und anderen gegenüber
entwickeln.

... Deinen Alltag aktiv und bewusst leben und erleben.

... Deine Träume visualisieren, daraus Ziele entwickeln und in
dein Leben lassen.

... Deine eigenen Fähigkeiten entdecken.

... Deine innere Motivationsbasis schaffen und nachhaltig etablieren.

... Deine Komfortzone viel öfter verlassen.

... Deine Ziele aktiv verfolgen.

... Mit dir selbst achtsam sein.

... Ein positives Selbstbild entwickeln und dein positives Selbstwertgefühl aufbauen.

... Deine innere Glücksbasis schaffen.

... Dich auf allen Ebenen weiterentwickeln.

... Von anderen lernen, andere schätzen und keine Gefühle wie Neid verspüren.

... Grenzen bewusst setzen und diese kommunizieren.

Merke:

Du gehst in deinem eigenen Tempo.
Du arbeitest mit deinen eigenen Möglichkeiten und nun mit Unterstützung dieses Buches.
Du nimmst dir Zeit und übst, wiederholst, übst und übst noch mehr.
Du machst dir bewusst, dass es ein Lebensprozess ist, an dem auch ich immer noch arbeite, der DEINEN Startpunkt spätestens jetzt setzt. DEINE Reise ist DEIN Ziel und soll Spaß machen.

Einstiegsübung

Stell dir vor, wer du bist, wo du jetzt bist und wie du hierhergekommen bist. Danach blicke in deine Zukunft und stell dir dich an demselben Tag in drei Jahren vor. Wo und wer bist du in drei Jahren? Wo wirst du sein? Was wirst du machen? Wie wirst du leben? Welche Gefühle wirst du dabei haben?

Ich arbeite in drei Jahren als ....

in ....

Ich lebe in drei Jahren mit ....

in ....

Ich fühle mich in drei Jahren ....

Ich bin in drei Jahren an folgendem Punkt in meinem Leben

angekommen: ....

....

Diese Eigenschaften gehören in drei Jahren zu mir:

....

....

....

So lebe ich in drei Jahren meinen Alltag: ....

....

Diese Träume habe ich in drei Jahren: ....

....

Diese (neuen) Fähigkeiten habe ich in drei Jahren: ....

....

So sehe ich mich selbst in drei Jahren: ....

....

Das bin ich in drei Jahren: ....

....

....

Diese drei Wörter beschreiben mich in drei Jahren: ....

....

....

So werde ich von anderen in drei Jahren wahrgenommen: ....

....

....

Mehrwert dieser Übung:

Da, wo du jetzt bist, wirst du nicht bleiben. Du möchtest dich wahrscheinlich weiterentwickeln, hast mit Sicherheit Träume und Visionen für deine Zukunft. Wenn du sie dir ganz konkret vorstellen kannst, die Augen schließt und dir visualisieren kannst, was du in drei Jahren alles erreicht hast und wer du in drei Jahren bist, wird es viel einfacher sein, diese Träume für dich und dein Leben jetzt und ab sofort aufzugreifen, niemals loszulassen und als deine Ziele zu verfolgen. Ziele auf allen Ebenen: beruflich, privat, familiär, auf Weiterbildungen bezogen, auf eigene Fähigkeiten, Eigenschaften, Routinen, Sport, Bewegung, Ernährung usw. gerichtet.

Du siehst dich in drei Jahren in deinem alltäglichen Leben, was du machst, wer du bist, wie du bist und wo du bist. Du siehst dich in drei Jahren in deiner Gegenwart. Wenn du diese kleine Reise in die Zukunft (in drei Jahren von jetzt an) machst, bist du in diesem Moment kurz in deiner Gegenwart in drei Jahren, du weißt, was du die letzten drei Jahre alles erreicht hast, und visualisierst dir aktiv, dass du dir deine Träume in diesen letzten drei Jahren erfüllt hast.

Es kann losgehen! Du weißt nun, wer du in drei Jahren sein möchtest, was du in drei Jahren machen möchtest und wie du selbst in drei Jahren leben möchtest. Du hast dir dein Ich und dein Leben in drei Jahren erschaffen. Nimm dieses Ich nun und setze es dir auf deine rechte oder linke Schulter, je nachdem, in welche Richtung du deinen Kopf lieber neigen möchtest. Freunde dich mit deinem Ich in drei Jahren an, schenke ihm ein großes Lächeln und nimm es auf jeden deiner Schritte mit.

Ich
gehe los

Dankbarkeit schaffen und deine Dankbarkeitskraft entwickeln

Dankbarkeit ist eine Form deiner Wertschätzung. Dankbarkeit empfindest du, wenn du dankbar und froh für und über eine Situation, ein Erlebnis oder einen Menschen bist, aber auch für etwas, was vielleicht nicht eingetreten ist. Dankbarkeit ist ein positives Gefühl, das du dir selbst für etwas erschaffen, entwickeln und langfristig und nachhaltig für dein Leben und in deinem Alltag etablieren kannst.

Dankbarkeit beeinflusst dein (mentales) Wohlbefinden und deine (mentale) Gesundheit nachhaltig positiv. Deine Dankbarkeitskraft führt dich weg von Neid, Frust, Ärger und Missgunst, hin zu Erfolg, Motivation, Anerkennung und Wertschätzung in deinem Alltag. Deine Dankbarkeitskraft bedeutet nicht nur das Wort „Danke!" zu sagen, sondern Dankbarkeit tief in deinem Inneren für bestimmte Dinge, Situationen, Chancen, Herausforderungen, Menschen und für dich selbst und dein Leben zu spüren. Deine Dankbarkeitskraft ist deine Fähigkeit und dein Lebensgefühl, das dir dein positives Selbstwertgefühl aufbaut und entwickelt.

Ich habe im Laufe meines Lebens nicht nur die Bedeutung der Dankbarkeit für mich in meinem Alltag erkannt, sondern auch die Kraft meiner Dankbarkeit entdeckt und meine Dankbarkeitskraft entwickelt sowie nachhaltig in meinem Alltag etabliert.

Beantworte dir anfangs selbst folgende Fragen:

Bist du dankbar? Wofür bist du dankbar? Wann und wie bist du dankbar? Zeigst du deine Dankbarkeit? Wenn ja, wie zeigst du sie? Was braucht es in deinem Leben, damit du dankbar sein kannst und willst? Bist du jetzt und in diesem Moment dankbar?

Ich bin dankbar für meine Gesundheit. Ich bin dankbar für meine Familie. Ich bin dankbar für meinen Job. Ich bin dankbar für meine Entwicklung. Ich bin dankbar für einen guten Kaffee. ...

... wofür bist du dankbar? Wofür darfst du dankbar sein?

Du darfst für alles dankbar sein, wofür du dankbar sein möchtest. Das Wort „Danke!" zu sagen, ohne es zu meinen, ist leicht. Dankbarkeit zu spüren ist jedoch schon schwieriger beziehungsweise tiefgründiger. Dankbarkeit ist ein wichtiges Element deines Glücks und deiner inneren Glücksbasis. Du ziehst mit deiner Dankbarkeitskraft das Gute für dich und in deinem Leben an und kannst die Dinge besser in Relation sehen. Du läufst oft Gefahr, Dingen, die du nicht hast, mehr Aufmerksamkeit zu schenken als Dingen, die du hast und in deiner Gegenwart erlebst. Je mehr du aber dankbar bist für das, was bereits in deinem Leben ist, auch für das, was schon in deinem Leben war, desto mehr wirst du bekommen, wofür du dankbar sein kannst. Das heißt, du ziehst Dinge an, denen du Aufmerksamkeit schenkst. Konzentrierst du dich auf all das Negative, auf all die Probleme und Fehler, ziehst du weiterhin das Negative, die Probleme und die Fehler an. Konzentrierst du dich allerdings auf all das Gute, das Positive und die Chancen in deinem Leben, wirst du vermehrt Gutes erleben und vor allem vermehrt in der Lage sein, es wahrzunehmen. Du wirst mehr Chancen als Probleme sehen und Fehler als Erfahrungen einstufen. Es muss nicht alles positiv sein. Negative Gedanken, schlechte Laune und ein nicht so guter Tag gehören zu deinem Leben dazu, genauso wie immer noch zu meinem. Ich möchte dich auf deiner Reise begleiten, sodass du in der Lage bist, diese negativen Vibes, diese nicht so guten Tage in deinem Leben auf deiner Haben-Liste zu verbuchen und sie vor allem anzunehmen und zu akzeptieren. Ich möchte dir Schritt für Schritt und Kapitel für Kapitel mitgeben, dass es ganz normal ist, auch mal schlechte Gedanken und keine gute Laune zu haben, und dass es aber für dich normal werden soll, diese Stimmung nicht mitzuschleppen. Ich werde dir Ansätze und Übungen zeigen, die dir helfen können, nach einem nicht so tollen Start in den Tag trotzdem eine tolle und schöne Woche zu erleben.

Um dankbar zu sein, braucht es nicht viel, außer deine ganze und tiefe Aufmerksamkeit für dich selbst und deinen Alltag; für Dinge, die du erlebst, Erfahrungen, die du machst, und Menschen, mit denen du leben darfst. Simpel in der Anwendung, ist es äußerst kraftvoll und wirksam, wenn du bereit bist, deine ungeteilte Aufmerksamkeit darauf zu konzentrieren.

Versuche nun, bevor du weiterliest, eine Minute in dich zu gehen und für irgendetwas oder irgendjemanden dankbar zu sein. Erinnere dich, dass das nichts Großes oder Überwältigendes sein muss. Ich möchte dir kein Beispiel nennen, da ich deine Gedanken nicht beeinflussen will. Unser Gehirn ist nämlich so konditioniert, dass wir an genau das denken, was wir sehen, hören und lesen (Stichwort: Kopfkino!).

Wie geht es dir nun, was fühlst du und wie fühlst du dich? Du hast nun beim Öffnen der Augen mit Sicherheit ein Lächeln auf den Lippen, weil dir deine Dankbarkeitskraft Freude schenkt. Je achtsamer du mit dir selbst und deinem Leben, deinen Bedürfnissen bist, desto mehr wirst du spüren, dass du ohne Dankbarkeit langfristig gar keine nachhaltige und tiefe Freude empfinden kannst.

Wir, du und ich, haben uns jetzt in unseren Gedanken verloren und reflektieren in diesem Moment über Dinge, Menschen, Taten, Eigenschaften, Fähigkeiten und Erlebnisse, egal ob in der längeren oder kürzeren Vergangenheit, für die wir dankbar waren beziehungsweise (noch immer) sind. Du kannst nun bestimmt einiges aufzählen, was du mit Dankbarkeit und ihrer Bedeutung in Verbindung bringst. Bestimmt hast du nun das Wichtigste beziehungsweise den wichtigsten

Menschen mit all seinen täglichen Handlungen, für den und für die du am meisten dankbar sein darfst, vergessen ...

... Oder hast du bei diesem Punkt schon an dich selbst gedacht?

Wir vergessen uns selbst leider gerne und viel zu oft. Warum vergessen wir uns selbst so oft? Weil wir uns nicht an die erste Stelle setzen wollen? Weil wir nicht selbstbewusst sind? Oder weil wir der Meinung sind, wir selbst sind wir sowieso automatisch ... Aber dankbar für mich selbst sein? Ja! Unbedingt! Essenziell! Genauso wie du stolz auf dich selbst sein darfst und sollst, darfst du auch dankbar sein, nein, sollst du auch dankbar sein. Erlaube dir, dankbar für dich selbst zu sein. Sei dankbar, dass du immer wieder deinen inneren Schweinehund besiegst, auch wenn die Lust auf Sport nicht so groß ist. Sei dankbar, wenn du ein tolles, erholsames Wochenende erleben durftest. Sei dankbar für alles, was du in deinem Leben schon erreicht hast. Sei dankbar, wie stark du in herausfordernden Situationen bist. Sei dankbar, wofür du auch immer dankbar sein möchtest, aber bitte sei dankbar, vor allem und zuerst dir selbst gegenüber und für dich selbst. Die Reise zu dir selbst, die Arbeit mit und nicht gegen deinen eigenen Körper, deinen eigenen Geist und deine eigene Seele ist nicht einfach , sondern ein lebenslanger Prozess wie die Beziehung zu einem Partner. Die Kraft der Dankbarkeit gestaltet dir diese Reise aber ein Stück angenehmer und schärft vor allem dein Bewusstsein.

Oft habe ich schon wahrgenommen, dass viele Menschen es nicht schaffen, ihre Dankbarkeit zu zeigen beziehungsweise sich selbst gegenüber zu äußern. Ich möchte gerne dankbar sein, aber ich kann nicht. Wir alle erleben Schicksalsschläge, weniger schöne Ereignisse und werden im Leben oft mit Dingen konfrontiert, die wir womöglich eher nicht erlebt haben möchten. Wir neigen dann dazu, mit der Welt, uns selbst und unserem Umfeld, im schlimmsten Fall mit allem und jedem zu hadern, sehen nur noch das Negative und empfinden sehr oft alles als ungerecht und unfair. Versuche insbesondere in solchen Situationen und in für dich schwierigen Lebensphasen deine Dankbarkeitskraft bewusst zu aktivieren. Du kannst zum Beispiel dankbar sein, dass ein Ereignis oder eine Situation nicht noch schlimmer aufgetreten ist. Du kannst dankbar sein für dein Durchhaltevermögen und deine Kraft, die du in einer schwierigen und besonders herausfordernden Situation einsetzt. Du kannst dankbar sein, dass manche Sorgen und Probleme, die du dir schon vorab gemacht hast, gar nicht aufgetreten sind. Du kannst dankbar sein, dass dich dieser Schicksalsschlag in deiner Weiterentwicklung formt, dass er dich erreicht hat, weil dein Leben weiß, dass du mit ihm umgehen kannst und wirst. Du kannst dankbar sein, dass jede Erfahrung wichtig ist für deinen weiteren Lebensweg und für deine Weiterentwicklung und du keine Erfahrung umsonst in deinem Leben machst. Du kannst dankbar sein und gleichzeitig darauf vertrauen, dass du die Bedeutung irgendwann in deinem Leben erkennen und verstehen wirst, dass du die Situation mit und durch deine Dankbarkeitskraft aber jetzt schon annehmen kannst. Du kannst dankbar sein, dass du

deine Wut, deine Traurigkeit und deinen Ärger zulassen darfst und dich deine Dankbarkeitskraft darin
unterstützt, diese belastenden und negativen Gefühle
in angenehme und positive Gefühle umzuwandeln.

Genau hier setzt dieses Buch an, um dein Mindset
zu ändern beziehungsweise zu entwickeln. Weiterzuentwickeln. Hin zu einer positiven Einstellung, die
durch die Kraft deiner Dankbarkeit gelenkt wird und
im weiteren Sinne dann dich selbst und deine Gedanken lenkt. Jede negative Situation im Leben bietet eine
Chance. Diese Situationen warten nur darauf, dass du
die Chancen in ihnen siehst und wahrnimmst und in
weiterer Folge annimmst. Jede Situation wird subjektiv erlebt und kann dafür für jeden von uns andere Chancen beinhalten. Wichtig ist aber, dass du mit
offenen Augen durch das Leben, durch deinen Alltag,
gehst und für dich negativ Empfundenes nicht als negativ stehen lässt, sondern als Herausforderung wahrnehmen kannst. Die Kraft der Dankbarkeit hilft dir
dabei und lenkt dich, sie zeigt dir deinen Weg, wenn du
bereit bist, dich auf sie einzulassen und mit ihr Hand
in Hand zu gehen.

Wir sind, was wir denken, und alles im Leben
passiert aus einem bestimmten Grund. Nicht immer
zeigt sich der Grund sofort. Nicht immer verstehst du
gleich den Sinn hinter einer Aufgabe, einem Ereignis,
einer Begegnung oder einer Handlung; wenn du aber
genau über Situationen und Dinge, die dir widerfahren
sind, reflektierst, oft erst Monate, vielleicht auch Jahre
danach, erkennst du eine Botschaft, die dir dein Leben
mitteilen wollte und dir mitgegeben hat.

Die eigenen Gedanken mit Dankbarkeit zu behaften wird dir nicht erst danach, sondern bereits in der jeweiligen Situation Kraft schenken und dein Mindset stärken.

Danke, Leben!

Einfach mal dankbar für das Leben sein; dass es dich bis hierhergebracht hat. Danke, Leben, dass ich so vieles bereits mit dir erleben durfte, so vieles schon lernen durfte und du mich immer wieder bestärkt hast, weiterzumachen. Ich bin dankbar für diese Situation, in der ich mich nun befinde, die du mir reichst, um mich weiterzuentwickeln, um weiterzuwachsen, um stark zu werden. Ich weiß, dass es nicht leicht werden wird, aber ich werde es schaffen, weil ich mir selbst und meinem Leben vertraue und weil ich durch meine Dankbarkeitskraft unterstützt und geführt werde.

Dankbar sein bedeutet so viel mehr als einfach Danke zu sagen. Dankbar sein bedeutet, dich in dich selbst hineinzufühlen, dich mit deinem eigenen Leben auseinanderzusetzen und Herausforderungen als Chancen des Lebens zu sehen, die dir wieder einmal deine Stärken aufgezeigt haben, die dein Selbstbewusstsein, deine Beziehungen, egal ob die Beziehung zu dir selbst oder die Beziehung zum Partner, zu einem Freund, zu den Eltern, Kollegen etc., gefestigt haben und sie wachsen lassen. Dankbar für die persönliche Weiterentwicklung, die du dadurch erfahren hast, für die Horizonterweiterung, für die Stärkung deines Ichs. Du kannst in jeder Situation Chancen sehen. Du kannst in jeder Situation dankbar sein. Du kannst deine Kraft der Dankbarkeit in jeder Situation spüren und erleben, wenn du dich öffnest und achtsam mit dir selbst und deinen Gedanken umgehst.

Sprich folgende Sätze gerne laut aus oder schreibe sie mit: Ich werde jede Situation annehmen. Ich werde mit ihr und nicht gegen sie arbeiten, weil ich weiß, dass mich meine Dankbarkeitskraft leitet und mir den Weg weist.

Danke, liebes Leben! Danke, liebes Ich!

Egal, wie du es machst, es zählt, dass du es machst. Versuche tief in deinem Inneren dankbar zu sein und deine Dankbarkeitskraft in jeder Faser deines Körpers wahrzunehmen, bis sie schließlich ganz tief in deinem inneren Mittelpunkt angekommen ist. Spüre deine Dankbarkeitskraft aktiv und bewusst. Dein Mindset wird sich dadurch zum Positiven verändern und so wachsen, dass du durch deine Dankbarkeitskraft auch Zufriedenheit wahrnimmst und in deinem Inneren zufrieden sein kannst.

Zufriedenheit schaffen und Zufriedenheit leben

Mit und durch deine Dankbarkeitskraft Zufriedenheit spüren. Zufriedenheit hat ihren Ursprung, wie alles in deinem Leben, in dir selbst. Du lebst immer von innen nach außen. Du kannst Zufriedenheit nicht in Dingen oder Menschen suchen, wenn du keine Zufriedenheit tief in deinem Inneren spürst. Du kannst vielleicht kurzzeitig ein Zufriedenheitsgefühl erleben, aber eben nur kurzzeitig.

Ein langfristiges und nachhaltiges Zufriedenheitsgefühl, eine sogenannte Zufriedenheitsbasis, kannst
du dir nur durch dich selbst und mit dir selbst erschaffen
und entwickeln sowie weiterhin aufbauen und in deinem
Alltag erleben.

Zufriedenheit ist für uns alle ein angenehmes, wohlwollendes Gefühl, das uns erdet, uns ein Lächeln ins
Gesicht zaubert und uns fröhlich sein lässt. Zufriedenheit tritt aber nicht automatisch in dein Leben, sondern
braucht deine aktive und bewusste Aufmerksamkeit,
deine aktive und bewusste Auseinandersetzung mit
dir selbst und deinen aktiven und bewussten Willen,
also deine Kraft, gegen die Unzufriedenheit anzutre-
ten. Zufriedenheit, ich nenne es auch gerne Selbstzu-
friedenheit, denn wir müssen zuerst in uns selbst und
mit uns selbst zufrieden sein, um Zufriedenheit nach
außen transportieren und ausstrahlen zu können, ist
gemeinsam mit unserer Dankbarkeitskraft der Grundstein für unsere eigene Glücksbasis. Ein unzufriedenes
Gefühl wird eine unglückliche Empfindung in dir hervorrufen und umgekehrt. Du bist zufrieden, wenn du
glücklich bist, und du bist glücklich, wenn du zufrieden
bist. Hört sich alles logisch und einfach an. Warum ist
es dann so schwierig, wenn es doch so einfach klingt?
Es ist nicht schwierig, es benötigt nur die aktive und
bewusste Auseinandersetzung mit dir selbst, mit deinem Leben und mit deinen eigenen Gedanken; und
genau vor dieser aktiven Auseinandersetzung mit dem
eigenen Leben, den eigenen unangenehmen Dingen,
Problemen und Schwierigkeiten, scheuen sich die meisten

Menschen, wodurch es so viele unzufriedene, unglückliche und undankbare Menschen auf dieser Welt gibt.

Eine aktive Auseinandersetzung mit dem eigenen Leben und mit sich selbst bedeutet Arbeit, bedeutet anfangs unangenehme Berührungen und Erkenntnisse. Wer macht schon gerne Überstunden, und dazu noch unbezahlt? Wer leistet schon gerne mehr, ohne dafür einen schnellen Outcome zu sehen? Wer beschäftigt sich schon gerne mit den eigenen Problemen, wenn es viel angenehmer ist, sie ruhen zu lassen? Ja, eben, fast keiner oder nur sehr wenige. Genau hier wird auch eines unserer gesellschaftlichen Probleme sichtbar: Wir arbeiten gemäß unserem Vertrag in einem Angestelltenverhältnis, sind aber darüber hinaus nicht bereit, einmal eine Zusatzaufgabe zu leisten. Bedenke: Ich spreche hier von einmal oder ab und an. Wenn es öfter, jede Woche bis irgendwann täglich, verlangt wird, gilt es, Grenzen zu ziehen. Dazu kommen wir aber später erst. Trotzdem wollte ich es hier und an dieser Stelle nicht unerwähnt lassen, da du selbstverständlich deine eigenen Bedürfnisse wahren darfst. Das wird dir mit einem starken Mindset und deiner Persönlichkeitsentwicklung gelingen. Ein dankbarer, zufriedener Mensch hat mitunter ein starkes Mindset, ist sich seiner Bedürfnisse bewusst, geht mit ihnen achtsam um, er kann sich seine eigenen Ressourcen einteilen und diese aktiv kommunizieren.

Am Anfang braucht es immer Arbeit, um am Ende Ergebnisse zu sehen. Willst du Dankbarkeit und Zufriedenheit spüren lernen, kannst du nicht bloß darauf warten, bis diese Gefühle bei dir anklopfen und zu dir kommen. Du musst zu ihnen kommen. Vergleiche es einmal mit Radfahren. Du musst dich auf ein Fahrrad setzen, das Fahren auf diesem Fahrrad lernen und es immer wieder üben. Das kannst du genauso auf deine (mentale) Gesundheit übertragen: Du musst dich in deinen Gedanken bereit machen, dich öffnen und lernen, dich mit dir selbst, deinem Leben und deinen Bedürfnissen auseinanderzusetzen und immer wieder üben.

Folgende Fragen wollen von dir beantwortet werden:

Bist du zufrieden? Womit bist du zufrieden, womit bist du nicht zufrieden? Warum bist du zufrieden und warum bist du nicht zufrieden? Was löst Zufriedenheit beziehungsweise Unzufriedenheit in dir aus?

Zufriedenheit geht also einher mit deiner Dankbarkeitskraft. Bist du dankbar, so bist du zufrieden. Du überlegst dir, wofür du dankbar bist, und welche Gefühle, welche Taten und welche Situationen Dankbarkeit in dir auslösen. Wenn du einmal wieder mit dir selbst unzufrieden bist, dich nicht im Einklang mit dir und deiner Umwelt fühlst, erinnere dich im nächsten Schritt daran, warum du unzufrieden bist. Mache dir bewusst, dass du gar nicht unzufrieden sein möchtest, und setze deine Dankbarkeitskraft ein. Mache dir aktiv Gedanken darüber und überlege dir, wofür du in diesem Moment, in den letzten Tagen dankbar warst und wofür du in den kommenden Tagen dankbar sein wirst und dankbar sein möchtest. Dein Dankbarkeitsgefühl durch den Einsatz deiner Dankbarkeitskraft löst Zufriedenheit in dir aus, die du zuerst in dir selbst spüren und in weiterer Folge nach außen transportieren und ausstrahlen kannst.

Zufriedenheit ist ein Zustand, eine Eigenschaft und eine Fähigkeit, die du dir selbst aufbauen und erlernen kannst. Dankbarkeit ist die Basis für dich selbst in deinem Leben, in deinem Alltag und für deine Handlungen, deine Taten und zur Schaffung und Förderung deines Bewusstseins. Zufriedenheit bedeutet auch die Akzeptanz und Annahme deiner selbst sowie deiner Fähigkeiten und Erlebnisse. Du kannst nur dann deine innere Zufriedenheit spüren, wenn du deine Vergangenheit, deine Fehler akzeptieren kannst, wenn du den Mut hast, Herausforderungen anzunehmen, Erfahrungen zu machen, und wenn du dich selbst im Mittelpunkt deines Lebens platzierst.

Zufriedenheit beinhaltet deine innere Ausgeglichenheit und ist somit für dein inneres (mentales) Wohlbefinden langfristig und nachhaltig für deine (mentale) Gesundheit mitverantwortlich. Wenn du dir Zufriedenheit gemeinsam mit deiner Dankbarkeitskraft aufbaust und in deinen Alltag integrierst, schaffst du dir eine Basis unabhängig von äußeren Einflussfaktoren und Herausforderungen oder spontanen Ereignissen und Hindernissen. Bist du dankbar, bist du zufrieden. Bist du zufrieden, bist du dankbar. Bist du dankbar und zufrieden, formst du dir deine eigene innere Glückswelt.

Deine innere Zufriedenheit und dein (mentales) Wohlbefinden schaffen dir eine positive Grundstimmung, einen positiven Blick auf deinen Alltag. Sie aktivieren deine Fähigkeiten und bestärken dich, diese aktiv und bewusst einzusetzen. Sie richten den Blick auf dich und deine Fähigkeiten und auf das, was du hast und was sich bereits in dir befindet. Deine innere Zufriedenheit und dein (mentales) Wohlbefinden sowie deine (mentale) Gesundheit sind darüber hinaus in hohem Maße von deiner Dankbarkeitskraft und der Kraft deiner Gedanken abhängig und werden von diesen gesteuert und gelenkt.

Übungen

Du hast dir vorher eine Minute Zeit genommen, um für irgendetwas im Leben dankbar zu sein. Ich möchte diese Gedanken nun mit dir vertiefen und weiterspinnen. Denke nun an drei ganz beliebige Dinge, Menschen, Ereignisse, Erlebnisse, wofür du dankbar bist. Zusätzlich, falls es in diesen drei Punkten nicht vorkommt, projiziere deine Dankbarkeit auf dich selbst: Wofür bist du als Erstes dir selbst dankbar und warum bist du dir dafür ganz besonders dankbar?

Schreibe dir diese Gedanken und Dinge auf.

Nachdem du sie dir visualisiert und noch einmal gelesen hast, frage dich, warum du genau das ausgewählt hast. Sind es Dinge, die dich auf deinem Weg unterstützen, die dir deinen Alltag erleichtern und besonders machen? Sind es Dinge, die dir in schwierigen Situationen und Lebensphasen in deiner Vergangenheit geholfen haben oder dich stark gemacht haben? Oder sind es ganz gewöhnliche Dinge, die dir deinen täglichen Alltag versüßen, dir tagtäglich ein Lächeln ins Gesicht zaubern?

Wenn du dir diese Fragen ausreichend und ehrlich beantwortet hast, lenke deine Gedanken weiter:

1. Was möchtest du gerne öfter erleben und tun, um dieses dankbare Gefühl zu spüren?
2. Wie möchtest du gerne öfter sein und handeln, um Dankbarkeit zu fühlen?
3. Was braucht es für dich, um deine Dankbarkeit zu verinnerlichen?

Hier ein kleines Toolkit, kurze Anleitungen für deinen Alltag, um deiner Dankbarkeit näherzukommen, deine Dankbarkeitskraft zu spüren und erleben zu können. Dankbarkeit wird in deinem Leben verankert:

- Nimm dir vor dem Schlafengehen jeden Tag 2-3 Minuten Zeit, um deine Gedanken mit deiner Dankbarkeit zu verbinden. Entweder du machst das im Rahmen deiner abendlichen Pflegeroutine oder du setzt dich ganz bewusst hin und schließt die Augen. Denke daran, welche Erfahrungen du aus dem Tag mitnehmen kannst, was oder wer dir geholfen, dich unterstützt hat und wofür du dir selbst dankbar bist und dankbar sein möchtest. Wichtig ist dabei nicht, woran du denkst und wofür du dankbar bist, sondern dass du Übung darin bekommst, deine Aufmerksamkeit aktiv und bewusst auf deine Dankbarkeit und die damit verbundene Kraft zu richten.

  - Erlaube dir nun, deine Gefühle und Emotionen mit der Dankbarkeitskraft, das heißt mit dem Fokus auf die Dinge, für die du dankbar bist, wahrzunehmen und zuzulassen.
  - Es ist keine einmalige Aufgabe, sondern eine Übung, die du anfangs am besten wirklich jeden Abend machst. Es hilft dir bei der Verinnerlichung und der aktiven und bewussten Ausrichtung deiner Aufmerksamkeit. Die Dankbarkeitskraft kann so entwickelt werden und du kannst sie dir aufbauen und in deinem Leben, in deinem Alltag etablieren.

- Schreibe dir Dankbarkeitskärtchen, ziehe jeden Morgen eines davon, nimm es mit und versuche, während des Tages deinen Fokus auf die am Kärtchen beschriebene Sache, Fähigkeit, Person etc. zu richten und deine Dankbarkeit dafür in dir bewusst zu spüren und aktiv in deine Gedanken aufzunehmen.

- Gedankenausrichtung: Richte deine Gedanken auf Dinge, die du das letzte Mal spüren und erleben würdest, auf Personen, die du das letzte Mal sehen würdest, und Fähigkeiten/Eigenschaften, die du das letzte Mal einsetzen könntest: Deine Wertschätzung für diese Dinge, Personen und Fähigkeiten wird steigen, denn wir schätzen Dinge oft erst dann, wenn sie nicht mehr da sind und sie uns nicht mehr zur Verfügung stehen. Mit deiner Wertschätzung formst du deine Dankbarkeitskraft.

- Nimm deine Dankbarkeitskraft und deine innere Zufriedenheit in die nächsten Schritte und die weiteren Kapitel dieses Buches mit. Nimm dafür dein in der Einstiegsübung kreiertes Ich in drei Jahren von deiner rechten oder linken Schulter (je nachdem, auf welche du es gesetzt hast), öffne es und gib deine Dankbarkeitskraft und innere Zufriedenheit hinein. Setze dein Ich, das nun von Dankbarkeit und Zufriedenheit erfüllt ist, wieder auf die Schulter, platziere es bequem und nimm es auf die weitere Reise mit.

Deine wichtigsten Learnings und was du mitnimmst

Dankbarkeit und Zufriedenheit gehen mit dir gemeinsam durch das Leben, benötigen deine aktive und bewusste Aufmerksamkeit und bilden den Grundstein für deine innere Glücksbasis.

Dankbarkeit löst in dir ein Zufriedenheitsgefühl aus. Du ziehst mit deiner Dankbarkeitskraft das Gute in deinem Leben an und du kannst die Dinge besser in Relation sehen. Danke sagen ist schön, es aber zu meinen und zu spüren noch viel schöner und der Schlüssel für deine eigene innere Zufriedenheit.

Ich habe dir die Fragen gestellt, ob du zufrieden oder unzufrieden bist und was Zufriedenheit und Unzufriedenheit in dir auslösen. Kurzzeitige Zufriedenheit kann leicht und schnell erreicht werden, zum Beispiel durch das Zubereiten und den Verzehr deiner Lieblingsspeise oder den Kauf eines schönen Wertgegenstandes. Dieses zufriedene Gefühl kommt schnell, bleibt aber auch nur kurzfristig. Um deine eigene langfristige und nachhaltige Zufriedenheit zu erschaffen und diese in deinen Alltag zu integrieren, braucht es mehr als die kurzzeitige Befriedigung der körperlichen Bedürfnisse. Und wenn du einmal wieder vor dem Spiegel stehst, dir in einem Outfit nicht gefällst und unzufrieden mit dir selbst und deinem Leben bist, erinnere dich an deine Dankbarkeitskraft, die du dir gemeinsam mit deiner Zufriedenheit aufbaust. Du weißt ganz genau, wofür du dankbar sein kannst und wofür du Dankbarkeit spüren möchtest. Du weißt ganz genau, dass du dir die Basis erschaffst und diese dir in solchen Momenten den Weg zeigt.

Merke:

Zufriedenheit wie auch Unzufriedenheit gehen nicht nur primär, sondern ausschließlich von uns selbst aus. Ein zufriedenes oder unzufriedenes Gefühl wird in uns selbst gebildet, aufgebaut und geformt.

Sei dankbar für alles, wofür du dankbar sein möchtest, und lerne, dankbar für dich selbst zu werden, für dein Sein, dein Leben und dein Tun. Die Kraft der Dankbarkeit gestaltet deine Reise angenehmer und schärft vor allem dein Bewusstsein.

„Sei dankbar für das, was du hast, dann wirst du am Ende mehr haben. Wenn du dich darauf konzentrierst, was du nicht hast, wirst du niemals genug haben."

Oprah Winfrey

„Dankbarkeit ist das Gedächtnis des Herzens."

Jean-Baptiste Massillon

Ich nehme meine Vergangenheit an und akzeptiere sie

Vergangenheit annehmen

Die Vergangenheit ist ein Zustand, der vergangen und somit abgeschlossen ist. Erlebnisse, Situationen, Begegnungen, Handlungen und Ereignisse, die du in deiner Vergangenheit erlebt hast, sind vergangen. Du kannst sie auch als zurückliegende Erlebnisse, Situationen, Begegnungen usw. beschreiben. Deine Vergangenheit liegt vor deiner Gegenwart. Sie ist ein Teil von dir. Deine Vergangenheit, besser ausgedrückt alle vergangenen Erlebnisse, Ereignisse, Situationen, Begegnungen, Handlungen und Tätigkeiten haben dich – ob es dir bewusst ist oder nicht – geformt. Deine Vergangenheit beeinflusst dich, dein Verhalten, deine Eigenschaften und deine Haltungen in deiner Gegenwart und in deiner Zukunft. Du selbst bestimmst aber, wie und in welche Richtung dies geschieht.

Du hast schöne und nicht so schöne Dinge in deiner Vergangenheit erlebt. Du hast positive und negative Erfahrungen gemacht. Die positiven schaffen schöne, wärmende und wohltuende Erinnerungen, in denen du dich oft verlierst. Du versuchst sie wieder aufleben zu lassen, wenn es dir in deiner Gegenwart nicht gut geht. Die negativen schaffen negative und oft traumatische Erinnerungen, die Gefühle von Angst, Furcht, Traurigkeit oder Ärger und Wut in dir auslösen, wenn du an sie denkst oder in deiner Gegenwart Ähnliches erfährst. Deine Erfahrungen aus deiner Vergangenheit sind Erinnerungen. Sie haben dich und dein Leben geprägt. Die meisten waren für deine Weiterentwicklung mitverantwortlich.

Alle diese Erlebnisse, Situationen und Ereignisse sind aber vergangen. Du kannst sie als Zustand ansehen, der abgeschlossen ist. Sie können so nie mehr auftreten, passieren oder erlebt werden. In deinem Kopf existieren viele davon aber weiter. Darin sind sie oft nicht abgeschlossen. Entweder, weil du an ihnen festhalten möchtest und nicht loslassen kannst, oder weil du das Ergebnis deiner Vergangenheit schon kennst und dich somit sicher fühlst. Am meisten haben Menschen nämlich Angst vor Veränderung, also vor dem, was noch gar nicht ist, vor dem Ungewissen. Warum aber hast du Angst vor der Zukunft, von der du gar nicht weißt, wie sie sein wird? Einerseits, weil Zukunftsangst mit Verlustangst einhergeht, und andererseits, weil du nicht weißt, was dich erwartet, womit du zukünftig in deinem Leben konfrontiert sein wirst, womit du vielleicht zu kämpfen haben wirst, welchen Herausforderungen du begegnen wirst und welche Veränderungen sich auftun werden.

Ängste sind Gefühle. Sie gehören zu deiner Gefühlswelt genauso dazu wie dein Gefühl der Freude und der Liebe.

Diese Ängste können auch mit verschiedenen Glaubenssätzen einhergehen. Du hast vielleicht Angst vor Veränderungen, vor einem neuen Job, einer neuen Beziehung, einem neuen Wohnort, einer neuen Aufgabe usw., weil du dir irgendwann im Laufe deines Lebens sehr bestimmend den Glaubenssatz geformt hast, nicht gut genug zu sein. Solche Glaubenssätze entwickeln wir meist aus und durch Erlebnisse und negative Erfahrungen in unserer Vergangenheit, die oft schon in unserer Kindheit ihren Ursprung nehmen.

Du hast als Kind einen schlechten Aufsatz geschrieben und schlechte Noten bekommen. Lehrer und Eltern haben dir daraufhin ein Gefühl von diesem „nicht gut genug zu sein" gegeben. Das haben sie vielleicht gar nicht bewusst gemacht und hatten nicht die Absicht, dir ein so schlechtes Gefühl zu vermitteln, das du dein Leben lang mittragen wirst. Sie wollten dir vielleicht einfach nur näherbringen, dass du dich beim nächsten Mal ein bisschen länger und intensiver mit den Schulunterlagen auseinandersetzen sollst, um eine bessere Note zu schreiben, haben dafür jedoch eine Vorgehensweise gewählt, die dich und deine (mentale) Gesundheit nachhaltig negativ beeinflusst hat. Durch wenig Einfühlsamkeit, Stress und eigene Unzufriedenheit oder aber auch durch bestehende Verhaltensmuster, die sie selbst auf ihrem Weg mitbekommen haben, wurde dir das Gefühl vermittelt, dass du nicht gut genug bist, weil du eine schlechte Note bekommen hast.

Dieses „Nicht-gut-genug-Sein" überträgt sich oft auf viele oder sogar alle Lebensbereiche. Es stellt dich selbst, dich als Person, deine Fähigkeiten und Eigenschaften in eine Ecke und vermittelt dir dieses bestimmende Gefühl der Angst, in der Beziehung, im Job, in diesem Leben nicht zu bestehen. Tief in dir drinnen hat sich vielleicht aber schon die andere Seite deines Ichs ein bisschen aufgerichtet, die aus dieser Ecke hochkommen und sich selbst in die Mitte stellen möchte. Diese andere Seite deines Ichs, die sich nicht mehr an diesem Glaubenssatz, „nicht gut genug zu sein", festhalten möchte. Du kannst diese Angst vor Veränderung, die irgendwo in deiner Vergangenheit sitzt, bewältigen, indem du loslässt, was schon längst nicht mehr ist und schon längst nicht mehr zu dir gehört. Du steigst aus dieser Angst aus wie aus einem Auto und machst die Tür hinter dir zu.

Du bist nun und lebst in deiner Gegenwart, zumindest physisch. Psychisch hängst du oft noch in deiner Vergangenheit oder tapst schon in deiner Zukunft hin und her, Verlust- und Zukunftsangst. Die Gegenwart, die die einzige Zeit ist, in der du aktiv und bewusst leben und deinen Alltag gestalten kannst, lässt du an dir vorbeiziehen, weil du zu sehr mit Vergangenem oder bereits mit Zukünftigem beschäftigt bist. Denk aber daran: Vergangenes kannst du nicht mehr beeinflussen und Zukünftiges noch nicht wirklich.

Erlaube dir, deine Gegenwart zu genießen, egal was gestern oder vorgestern war, und egal, was morgen womöglich sein wird. Du darfst deine Gegenwart genießen, obwohl du Aufgaben noch nicht erledigt hast, obwohl du gestern nicht aktiv warst und obwohl du noch nicht am Ziel angekommen bist. Lerne, dein Leben auf dem Weg zu deinen Zielen aktiv zu erleben.

Lerne, Momente und Augenblicke bewusst zu genießen und manchmal innezuhalten. Bleib einmal stehen,
atme tief ein und aus, drehe dich im Kreis und lasse
deine Dankbarkeitskraft in deiner Gegenwart wirken.

Es ist für dein (mentales) Wohlbefinden und nachhaltig für deine (mentale) Gesundheit essenziell, achtsam in deiner Gegenwart zu leben, deine Bedürfnisse
hier anzunehmen und deinen Alltag bewusst zu erleben
und aktiv selbst zu gestalten. Dann schaffst du es auch
leichter, deine Dankbarkeitskraft einzusetzen und aus
ihr zu schöpfen. Du bist zufriedener, fokussierter und
motivierter, Dinge im Alltag zu erledigen und neue
Aufgaben, Handlungen und Tätigkeiten aufzugreifen,
dich neuen Herausforderungen zu stellen und dich
selbst weiterzuentwickeln.

Für deinen bewusst erlebten und aktiv selbst gestalteten Alltag muss deine Vergangenheit von dir in deiner Gegenwart angenommen und zugleich losgelassen
werden. Denk daran: Alle vergangenen Erlebnisse sind
vergangene Zustände. Du hast sie erlebt, aber du wirst
sie so nie mehr erleben. Du kannst sie aus deiner Vergangenheit nicht auf deine Gegenwart und auch nicht
auf deine Zukunft projizieren. Sie sind ein Teil von dir,
aber du darfst diesen Teil zu einem ruhenden Teil von
dir machen. Befreie dich selbst und erlaube dir, deine
Vergangenheit loszulassen und in deiner Gegenwart
neue Erfahrungen und Erinnerungen zu machen und
zu schaffen. Durch das Annehmen deiner Vergangenheit erlebst du nicht nur eine freie und bewusste sowie
achtsame Gegenwart, sondern schaffst dir auch die
Basis für deine (mental) gesunde Zukunft. Stell dir

deine Vergangenheit beziehungsweise all deine Erlebnisse als Steine in einem Rucksack vor. Nimm jeden
Stein, der dich hier in deiner Gegenwart auf irgendeine
Art und Weise belastet, negativ beeinflusst oder dich
in deiner Vergangenheit festhält, nacheinander heraus
und konfrontiere dich noch einmal mit diesem vergangenen Zustand. Erlebe ihn in deinen Gedanken noch
einmal. Danach lass ihn gehen und befreie dich und
deinen Rucksack damit, indem du den Stein draußen
lässt. Dein Rucksack wird leichter. Dein Leben wird
leichter. Dein Alltag wird leichter und du selbst wirst
leichter.

Setze dafür deine Dankbarkeitskraft aktiv ein und
lerne, deine Gegenwart aufgrund deiner Vergangenheit zu schätzen. Wenn du Dankbarkeit spüren kannst
und dankbar bist für alles, was in deinem Leben war,
für alle Begegnungen, die du in deiner Vergangenheit
gemacht hast, und für alle Situationen und Ereignisse,
die du in deiner Vergangenheit erlebt hast, richtet sich
dein Blick auf das Positive und das Wertschätzende
in deinem Leben. Du kannst die Vergangenheit annehmen, indem du sie akzeptierst und für sie dankbar
bist. Wenn du in deiner Gegenwart mit den Ereignissen und Begegnungen sowie deinen eigenen Handlungen in deiner Vergangenheit haderst und sie in Gedanken immer noch zu verändern versuchst, wirst du
nie richtig in deiner Gegenwart ankommen. Du wirst
gegenwärtige Momente und Augenblicke nie aktiv aufnehmen und erleben. Du wirst dir deine Zukunft nicht
so schaffen können, wie du gerne möchtest. Du wirst
Ziele nie mit voller Zufriedenheit und purem Stolz
erreichen. Du wirst nie mutig genug sein können,

Chancen zu sehen und neue Herausforderungen anzunehmen, deine Komfortzone zu verlassen und dich neuen Aufgaben zu stellen; weil du durch die Nichtannahme deiner Vergangenheit mit einem Fuß immer in ihr feststeckst. Der eine Fuß hinkt bei dir immer hinterher. Du wirst in deiner Gegenwart deine Schritte nie so setzen können, dass du zügig und bestimmt voranschreitest. Der Schlüssel für dein erfolgreiches, achtsames Leben, in dem du dich (mental) wohlfühlst und deinen Alltag aktiv erlebst, ist deine Dankbarkeitskraft und auf ihr aufbauend deine Fähigkeit, deine Vergangenheit anzunehmen. Akzeptiere alles, was war, was passiert ist, wer du warst, und auch alles, was du vergeblich erhofft hast. Du schaffst dir dadurch selbstbestimmt deine Gegenwart. Du schaffst dir deine eigenen Strukturen und fertigst dir deinen eigenen Rahmen an, in dem du dich fortbewegen und sein möchtest. Du schaffst und setzt dir einen neuen Rahmen und neue Grenzen. Du lebst nicht in deiner Vergangenheit, sondern in deiner Gegenwart. Du darfst dich von deiner Vergangenheit und allem, was war, was du erlebt hast, und auch allem, was zu deinem Bedauern nicht passiert ist, lösen. Du darfst mit beiden Füßen in deiner Gegenwart ankommen und dich mit beiden Beinen selbstbestimmt in deiner Gegenwart platzieren. Deine Dankbarkeitskraft hilft dir dabei, wenn du für alles Dankbarkeit empfindest und somit den Blick auf das Gute richtest. Verurteile dich für nichts in deiner Vergangenheit. Nimm jede Erfahrung, jeden Fehler und dich selbst an. Du kannst jetzt in deiner Gegenwart alles neu formen und genau so gestalten, wie du es gerne möchtest, unabhängig davon, wie deine Vergangenheit war und welche Strukturen sie dir geschaffen hat.

Du kannst aus deinen Fehlern und Erfahrungen, egal ob sie positiv oder negativ waren, lernen. Nimm also deine Vergangenheit in dieser Weise an und heile dich selbst und dein vergangenes Ich für dein gegenwärtiges und dein zukünftiges Ich. Denke an dein zukünftiges Ich, es kennt deine Ziele und weiß, wie und dass du deine Ziele erreichen wirst. Du kannst durch deine Dankbarkeitskraft und das Annehmen deiner Vergangenheit in dieser Weise deine Gegenwart und in ihr alle neuen Erfahrungen, Herausforderungen und schwierigen Aufgaben wertschätzen und deine Zukunft planen sowie die nächsten Schritte für deine Träume und Ziele aktiv setzen.

Versuche nicht, deine Vergangenheit und negative Ereignisse, Begegnungen oder Situationen zu verdrängen. Das hast du bis jetzt vermutlich immer wieder gemacht. Deine Vergangenheit hat dich geprägt. Du kannst sie somit nicht vergessen, auch wenn du das manchmal gerne möchtest.

Denk daran: Deine Vergangenheit ist ein Teil von dir. Verdrängen und vergessen funktioniert immer nur kurzfristig. Für die Entwicklung deines langfristigen (mentalen) Wohlbefindens und deiner nachhaltigen (mentalen) Gesundheit kannst du weder dich selbst in deiner Vergangenheit noch bestimmte Situationen, Begegnungen oder Erlebnisse vergessen. Wenn du sie verdrängst, erreichen sie dich immer und immer wieder. Mit jedem Mal, mit dem du versuchst sie aus deinem Leben zu verbannen, kommt ein zusätzlicher Stein in deinen Rucksack. Dein Rucksack wird immer schwerer, bis du ihn irgendwann nicht mehr tragen kannst. Lass dich von deiner Vergangenheit nicht zu Boden werfen.

Du darfst stolz auf dich und deine Vergangenheit sein, unabhängig davon, was war, was nicht war und wer du warst. Sei stolz darauf, trotz deines Unwissens und deiner Unerfahrenheit deine Vergangenheit gemeistert zu haben und heute hier zu stehen und für dich, deine Träume und deinen aktiven Alltag deine (mentale) Gesundheit zu stärken. Sei stolz auf dich selbst und vergleiche dich nicht. Vergleiche dich nicht mit anderen Menschen und vergleiche dich auch nicht mit deiner Vergangenheit. Vergleiche auch keine Ereignisse oder Situationen, Handlungen oder Begegnungen aus deiner Vergangenheit mit jenen in deiner Gegenwart oder jenen, die vielleicht in deiner Zukunft eintreten könnten. Deine Vergangenheit ist ein vergangener Zustand, den du so nie mehr erleben kannst und nie mehr erleben wirst. Verschwende also weder deine zeitlichen Ressourcen noch deine Gedanken dafür und daran. Konzentriere dich auf alles, was jetzt ist, was du jetzt erlebst, denn diese Dinge, Tätigkeiten, Situationen, Handlungen und Begegnungen kannst du selbst beeinflussen.

Frieden schließen

Du bist so viel mehr als deine Vergangenheit und deine Angst. Es heißt Vergangenheit, weil es vergangen ist. Du darfst es also gehen lassen und Danke sagen. Danke zu deiner Vergangenheit, zu allem, was in deinem Leben war, was auch nicht in deinem Leben war, zu allem, was du erlebt hast, was du nicht erlebt hast und zu allen Personen, die deinen Weg gekreuzt haben, egal, ob sie geblieben sind oder nur kurze Wegbegleiter waren.

Schließe Frieden mit deiner Vergangenheit, mit deinen eigenen Taten und Ereignissen in deiner Vergangenheit, für deinen Alltag in der Gegenwart und für deine Zukunft. Schließe Frieden für dich selbst, für dein langfristiges (mentales) Wohlbefinden und nachhaltig für deine (mentale) Gesundheit. Schließe Frieden, indem du deine Dankbarkeitskraft einsetzt. Sei bewusst dankbar für alles und jeden in deinem Leben, denn alles und jeder hat dich geformt, hat deine Persönlichkeit mitentwickelt und dir Erfahrungen mitgegeben. Du in diesem Moment und jetzt bist sozusagen das Produkt deiner Vergangenheit. Wenn dir dein eigenes Produkt jetzt und in diesem Moment nicht gefällt, kannst du es verändern, kannst du dich verändern. Dies kann aber nur mehr zukünftig geschehen und nicht mehr in deiner Vergangenheit. Nimm deine Vergangenheit also an und lass sie aktiv zu deinem Leben dazugehören. Nimm sie an und akzeptiere sie als einen Teil von dir. Nimm sie an und schließe Frieden mit ihr, lass sie aktiv und bewusst gehen und vergangen sein.

Schließe Frieden mit dir selbst. Ständige Unzufriedenheit mit dir selbst ist ein täglicher Kampf, der manchmal stärker und manchmal schwächer ist. Viele Menschen sind unzufrieden mit ihrem Körper, ihrem Erscheinungsbild und ihrer Figur. Andere sind unzufrieden mit ihrem Job, ihrem Partner, ihrer Wohnsituation, ihrem Lebensalltag. Egal, wie und warum du unzufrieden bist, es hängt immer zuerst mit dir selbst und oft mit deinem vergangenen Ich zusammen. Wenn du in deiner Vergangenheit Dinge nicht erreicht hast, Erwartungen nicht erfüllt hast und Fehler gemacht hast, bist du der Meinung, dass du nicht gut genug bist und keine Freude in deiner Gegenwart empfinden darfst. Deine Unzufriedenheit und auch deine Zufriedenheit gehen von dir selbst aus. Sie werden in dir selbst von deinen Gedanken geformt. Sie werden durch Ereignisse, Handlungen, Tätigkeiten, Erlebnisse und Begegnungen aus deiner Vergangenheit geformt. Schließe daher Frieden mit dir, mit deinem Körper, deinen Gedanken und deiner Vergangenheit sowie mit dir, deinen Gefühlen und Emotionen aus deiner Vergangenheit.

Wandle Unzufriedenheit in Zufriedenheit und Dankbarkeit um. Wenn du dankbar für jede Erfahrung aus deiner Vergangenheit sein kannst, befreist du dich und deine Gedanken von allem Negativen, allem Belastenden und allen Ängsten, die mit manchen Erfahrungen einhergehen. Du kannst sie nicht mehr verändern oder beeinflussen. Sie sind vergangen. Deine Dankbarkeitskraft formt in dir diese dankbare Fähigkeit, deine Vergangenheit und dich selbst aus deiner Vergangenheit nicht nur zu akzeptieren, sondern auch bewusst und aktiv anzunehmen. Durch die Annahme schließt du Frieden mit deiner Vergangenheit, mit allen positiven und negativen Erfahrungen und mit dir selbst. Du kannst dein vergangenes Ich, egal wer du warst und welche Eigenschaften du hattest, annehmen, weil du dankbar für dich bist und dein vergangenes Ich nicht weiter unterdrückst, beschimpfst oder sogar hasst. Du schließt somit Frieden mit allem, was war, wer du warst, und auch mit allem, was nicht war und wer du nicht warst. Deine Dankbarkeitskraft gibt dir ein friedliches, angenehmes und befreiendes Gefühl. Du erkennst deine Stärken und Fähigkeiten.

Wenn du diesen Frieden für dich, deine Vergangenheit und dein vergangenes Ich in deiner Gegenwart und für dein Zukunft etablierst und deine Vergangenheit annimmst, versuche auch andere Menschen mit ihrem vergangenen Ich anzunehmen. Wir alle haben in unserer Vergangenheit Fehler gemacht. Wir sind aber nicht unsere Fehler. Wir entwickeln uns ständig weiter. Wir legen alte Eigenschaften ab und nehmen neue auf. Wir verändern uns selbst, wir verändern unsere Umgebung. Wir lernen dazu. Wir können daher nicht mit unserem vergangenen Ich verglichen werden. Erlaube dir selbst, dich nicht mit deinem vergangenen Ich zu vergleichen, und vergleiche auch andere nicht mit ihrem vergangenen Ich. Erlaube auch anderen die Weiterentwicklung, die Etablierung neuer Eigenschaften und Fähigkeiten sowie die Veränderung ihrer Persönlichkeit. Schließe somit Frieden auch mit anderen, egal wie euer Verhältnis, eure Beziehung und euer Umgang in der Vergangenheit war. Negative und hasserfüllte Gefühle und Gedanken für deine

Vergangenheit und für andere Menschen aus deiner Vergangenheit schaden dir und deinem (mentalen) Wohlbefinden und nachhaltig deiner (mentalen) Gesundheit erheblich. Befreie dich und deine Gedanken davon, indem du sie für dich akzeptierst und annimmst. Du darfst Veränderungen und Weiterentwicklungen nicht nur bei dir selbst, sondern auch bei anderen zulassen und ihnen erlauben, neue Eigenschaften und Fähigkeiten zu entwickeln.

Übungen

Schreibe ein bis drei negative Erfahrungen, Ängste oder Erlebnisse, die dich bis heute als Unsicherheiten, Schwächen oder Zweifel begleiten, auf. Schreibe jede Erfahrung auf ein separates Blatt Papier.

Begib dich nun auf eine kleine Reise in deine Vergangenheit. Schließe deine Augen und konfrontiere dich mit dieser Erfahrung, diesem Erlebnis in deiner Vergangenheit. Stelle dir den vergangenen Moment oder die vergangenen Situationen, Erlebnisse vor und komme genau dort an. Spüre ganz tief in dich hinein und beobachte, was du nun fühlst. Welche Emotionen kannst du erkennen, welche Gefühle wahrnehmen? Aus welcher Emotion, aus welchem Gefühl und warum sind dieses Gefühl, diese Unsicherheit und diese Angst damals entstanden? Wo finden sie ihren Ursprung, ihren Anfangspunkt? Gib dir so viel Zeit, wie notwendig, um dich ganzheitlich mit dir, diesem Erlebnis in deiner Vergangenheit zu verbinden. Wenn du deine Gefühlslage aktiv wahrgenommen und den Start- und Ausgangspunkt dieser Erfahrung, dieses Angstgefühls, gesehen hast, öffne langsam die Augen und kehre in deine Gegenwart zurück. Gib dir Zeit, um wieder im Hier und Jetzt anzukommen und dich im Hier und Jetzt wieder zu spüren. In einem nächsten Schritt reflektiere über diese Erfahrung, dieses Erlebnis, zu dem du zurückgereist bist, und mache dir bewusst, dass du es gehen lassen möchtest. Du hast es nun noch einmal besucht, dich von diesem Ereignis auf deiner eigenen Gefühlsebene verabschiedet. Du kannst es nun loslassen, indem du für diese Erfahrung in der Vergangenheit deine Dankbarkeitskraft öffnest und mit diesem Erlebnis und dem damit einhergehenden Gefühl Frieden schließt. Du bedankst dich aktiv, weil du nun für dich und deine Zukunft deine persönlichen Learnings mitnehmen und sie als Erfahrung verbuchen kannst. Als letzten Schritt nimm dieses Blatt Papier, auf dem du dein Erlebnis oder deine Angst zu Beginn aufgeschrieben hast, und falte es sanft und liebevoll zusammen, knülle es ein und gib es in ein Gefäß oder lass es direkt in den Mülleimer wandern. Du bist nun frei von diesem Erlebnis und diesem Gefühl, weil du es mit deiner Dankbarkeitskraft angenommen hast. Du hast es losgelassen, weil du es gehen lassen konntest. Das wiederholst du mit jedem deiner notierten Erfahrungen einzeln und separat. Mach es unbedingt an einem ruhigen Ort und nimm dir dafür ausreichend Zeit. Bedenke bitte, dass auch die Nachempfindung einige Zeit in Anspruch nehmen kann, je nachdem, welche Gefühle dieses Ereignis in dir ausgelöst und hervorgerufen hat.

Nachfolgend ein kleines Toolkit, kurze Anleitungen für deinen Alltag, um Ängste loszulassen und aktiv Frieden zu schließen:

Eine Gegenüberstellung
zum aktiven Befüllen inkl. Beispiele

Das macht mir Angst

Morgen muss ich vor einem Publikum sprechen.

Mein neues Outfit steht mir so gut, aber ich traue mich nicht, es in der Öffentlichkeit zu tragen.

Ich habe bei dieser gleichen Aufgabe das letzte Mal Fehler gemacht und versagt.

Ich wandle die Angst in Freude um

Ich treffe entsprechende Vorbereitungen, übe, laut zu sprechen, und freue mich, eine neue Erfahrung machen zu dürfen.

Ich freue mich darauf, mich in meinem neuen Lieblingsoutfit zu präsentieren, und achte nicht auf die Blicke der anderen, denn die sind sowieso immer da.

Diese Aufgabe ist nicht dieselbe wie damals. Ich habe aus meinen Fehlern gelernt. Ich habe meine vergangenen Erfahrungen angenommen. Ich habe mich selbst weiterentwickelt. Ich freue mich auf diese Herausforderung, da ich neue Erfahrungen außerhalb meiner Komfortzone machen kann.

Deine wichtigsten Learnings und was du mitnimmst

Deine Vergangenheit ist vor deiner Gegenwart. Sie ist ein Teil von dir. Deine Vergangenheit, besser ausgedrückt alle vergangenen Erlebnisse, Ereignisse, Begegnungen, Handlungen, die du in deiner Vergangenheit erlebt hast, haben dich bewusst oder unbewusst geformt. Du kannst sie als Zustand ansehen, der abgeschlossen ist. Sie können so nie mehr auftreten, passieren oder erlebt werden.

Du darfst deine Gegenwart genießen und aktiv leben, obwohl du Aufgaben noch nicht erledigt hast, du gestern nicht aktiv warst und obwohl du noch nicht am Ziel angekommen bist.

Es ist für dein (mentales) Wohlbefinden und nachhaltig für deine (mentale) Gesundheit essenziell, achtsam in deiner Gegenwart zu leben, deine Bedürfnisse hier anzunehmen und deinen Alltag bewusst zu erleben und aktiv selbst zu gestalten. Für diesen bewusst erlebten und aktiv selbst gestalteten Alltag muss deine Vergangenheit von dir in deiner Gegenwart angenommen werden.

Durch die Annahme deiner Vergangenheit heilst du dich selbst und dein vergangenes Ich für dein gegenwärtiges und dein zukünftiges Ich. Setze dafür deine Dankbarkeitskraft aktiv ein und lerne, deine Gegenwart aufgrund deiner Vergangenheit zu schätzen.

Du bist so viel mehr als deine Vergangenheit und deine Angst. Schließe Frieden mit deiner Vergangenheit, mit deinen eigenen Taten und Ereignissen in deiner Vergangenheit, für deinen Alltag in der Gegenwart und für deine Zukunft. Schließe Frieden für dich selbst, für dein langfristiges (mentales) Wohlbefinden und nachhaltig für deine (mentale) Gesundheit.

Wandle Unzufriedenheit in Zufriedenheit und Dankbarkeit um. Wenn du dankbar für jede Erfahrung aus deiner Vergangenheit sein kannst, befreist du dich und deine Gedanken von allem Negativen, allem Belastenden und allen Ängsten, die mit manchen Erfahrungen einhergehen. Deine Dankbarkeitskraft formt in dir diese dankbare Fähigkeit und Eigenschaft, deine Vergangenheit und dich selbst aus deiner Vergangenheit nicht nur zu akzeptieren, sondern auch bewusst und aktiv anzunehmen.

Merke:

Je mehr du weg- und abgibst, desto mehr Platz und Raum schaffst du dir für Neues. Du darfst Veränderungen und Weiterentwicklungen nicht nur bei dir selbst, sondern auch bei anderen zulassen und ihnen erlauben, neue Eigenschaften und Fähigkeiten zu entwickeln.

„Wer seine Ängste überwunden hat,
wird wirklich frei sein."

Aristoteles

„Ich hatte mein ganzes Leben
viele Probleme und Sorgen. Die
meisten von ihnen sind aber niemals
eingetreten."

Mark Twain

> „Viele leben zu sehr in der Vergangenheit. Die Vergangenheit soll ein Sprungbrett sein, aber kein Sofa."
>
> Harold MacMillan

Ich kann mich selbst empowern

Bewusstsein schaffen und Bewusstsein fördern

Die Frage unserer Zeit sollte nicht lauten: Lebst du gesund? Ernährst du dich gesund? Sie sollte vielmehr lauten: Lebst du bewusst? Ernährst du dich bewusst? Konsumierst du bewusst? Lebst du aktiv? Wie triffst du Entscheidungen?

Dein Bewusstsein soll gefördert beziehungsweise weiterentwickelt und gestärkt werden. Das ist ganz einfach, wenn du dich öffnest und bereit dafür bist, dich mit dir selbst zu beschäftigen, deine eigenen Bedürfnisse wahrzunehmen, und mit deinem Körper, deinem Geist und deiner Seele achtsam umgehst. Dieser Gesundheitsförderungsansatz des Empowerments und der Bewusstseinsbildung ist noch lange nicht durchgedrungen, und vor allem noch lange nicht ausgeschöpft. Wie erreiche ich dich? Am besten mit einfachen Dingen, bei denen du dich abgeholt und verstanden fühlst. Keine hochwissenschaftlichen Texte und Forschungsberichte werden dich oder die Mehrheit der Bevölkerung ansprechen und empowern, also selbst befähigen können. Persönliche Erfahrungen, Geschichten aus dem eigenen Alltag und die ehrliche Kommunikation von eigenen Fehlern, Herausforderungen und Gefühlen sowie Emotionen und Gedanken zeigen Parallelen, Ähnlichkeiten sowie Verständnis und Nahbarkeit. Wir alle haben in gewisser Art und Weise ähnliche Probleme, gleiche Unsicherheiten und dieselben Herausforderungen im Lebensalltag zu bewältigen, weshalb durch ehrliche und erfahrungsbasierte Kommunikation, durch das Öffnen der eigenen Geschichte sozusagen, viel mehr Gehör geschaffen wird als mit wissenschaftlichem Kontext in Sach- und Lehrbüchern. Das Thema der (mentalen) Gesundheit sowie der Mindset-Stärkung betrifft dich, mich und jeden von uns. Auf der einen Seite so einfach zu verstehen und auf der anderen Seite so schwierig beziehungsweise herausfordernd umzusetzen und zu leben. Bewusstseinsbildung ist daher eine essenzielle Aufgabe, mit der ich mich mitunter anhand dieses Buches – so gut es ohne direkte Kommunikation geht – für dich und für mich auseinandersetze. Ziel ist, selbst zu denken, sich zu informieren. Nachdenken.

Ein Beispiel: Du gehst in den Supermarkt und siehst eine Reihe von Produkten. Womöglich bist du erst einmal überfordert. Du hältst kurz inne, sortierst dich und holst deinen Einkaufszettel hervor. Einkaufszettel schreiben ist nicht nur wichtig, damit nichts vergessen wird, sondern vor allem essenziell für Personen, die dazu neigen, zu viel einzukaufen und sich von den Marketingstrategien und Produktwerbungen leicht beeinflussen zu lassen. Du liest deinen Einkaufszettel und stehst nun in der Obst- und Gemüseabteilung.

Was steht auf deiner Einkaufsliste? Was willst du kaufen und was kaufst du tatsächlich? Danach gehst du zu den Brotaufstrichen und Joghurts. Was steht auf deiner Liste? Was möchtest du kaufen? Was nimmst du hier? Was brauchst du? Was möchtest du konsumieren? Warum möchtest du das konsumieren? Warum kaufst du Produkt XY, oder kaufst du es nun doch nicht, weil du kurz darüber nachgedacht hast? Ich möchte diese Fragen in den Raum stellen und dir bei deinem nächsten Einkauf ins Gedächtnis rufen, nicht aber sie beantworten, da ich dir damit eine bestimmte Richtung vorgeben würde. Ich möchte dich lediglich hin zur Bewusstseinsbildung führen, damit du dir diese Fragen zunächst bewusst und im Laufe der Zeit ganz selbstverständlich stellst. Du sollst dir diese Fragen die nächsten Male, entweder bereits beim Schreiben der Einkaufsliste oder dann im Supermarkt vor den Regalen, selbst stellen. Einmal bewusst einkaufen gehen. Ja, dafür hast du Zeit.

Das dauert die ersten paar Male vielleicht zehn bis fünfzehn Minuten länger. Du denkst jetzt in diesem Moment vermutlich an deinen gewöhnlichen oder letzten Supermarktbesuch, auch ich beim Schreiben. Unser Gehirn stellt sich gehörte und gelesene Dinge nämlich sofort vor, visualisiert sie und denkt automatisch, wenn zunächst auch unbewusst, daran und darüber nach. Du schaffst dir somit ganz alleine durch meinen Gedankenanstoß dieses bewusste Denken. Nicht vergessen dürfen wir in unserem Alltag immer wieder die auftretenden Ausnahmen, wenn wir am Beispiel Einkaufen doch einmal die Tiefkühlpizza oder eine Packung Eis kaufen. Wichtig ist auch, dass wir diese Ausnahmen nicht nur zulassen dürfen, sondern vor allem auch sollen. Denn vor allem beim Thema Ernährung und Essen hast du genauso wie ich schon erlebt, dass Abwehrhaltungen und Verbote deinerseits gegenüber bestimmten Produkten, meist Süßigkeiten betreffend, genauso als ungesund und nicht gesundheitsförderlich eingestuft werden können. Erlaube dir daher, nicht nur Schwarz und Weiß zu sehen, nicht nur zwei Eckpunkte, sondern auch den Platz dazwischen. Dieser Raum zwischen den beiden Punkten ist viel größer, viel mächtiger. Diesen Raum darfst du in deinem Leben ausfüllen und bespielen. In diesem Raum darfst und sollst du dich, sollen wir uns alle, im Alltag bewegen. Du schaffst dir auf diese Art und Weise ein Bewusstsein auf allen Ebenen und in allen Bereichen. Die Schaffung deines Bewusstseins führt dich weiterhin zur Stärkung deiner Person, deines Ichs, deines Mindsets und deiner (mentalen) Gesundheit sowie deines (mentalen) Wohlbefindens. Wenn du dich nicht mehr an einem Punkt (schwarz oder weiß) gefangen fühlst, sondern endlich diese ersten Schritte machst und dich auf diesem großen Platz dazwischen bewegen lernst, wirst du erkennen, wie viele Möglichkeiten es gibt, welches Potenzial du ausschöpfen kannst und wie stark die Entwicklung deines Bewusstseins wird. Dieser Raum nennt sich aktives Alltagsleben, in dem du dich mit all deinen Eigenschaften, Vorlieben und mit all deinen Wünschen, Träumen und Zielen präsentieren darfst. Diesen Raum bespielst zuerst immer du selbst, bevor äußere Faktoren Einfluss nehmen können. Du schaffst dir dein eigenes Bewusstsein für dich selbst, was gut oder schlecht für dich selbst ist, was gesund oder ungesund für dich selbst ist, was positiv oder negativ für dich selbst ist, was Zufriedenheit oder Unzu-friedenheit für dich selbst auslöst. Bist du dir bewusst, was für dich selbst wo im Leben steht, geht und dich begleitet, kannst du nun die äußeren Faktoren, die ver-suchen auf dich und dein Leben, auf deine (mentale) Gesundheit und auf dein Mindset Einfluss zu nehmen, für dich richtig platzieren. Du kannst erkennen, wie du dich von diesen Faktoren beeinflussen lässt.

Nehmen wir folgendes Beispiel: Du nimmst dir vor, am Abend laufen zu gehen, bist super motiviert, alle Rahmenbedingungen sind gesetzt. Sobald du von der Arbeit nach Hause kommst, beginnt es zu regnen. Was machst du? Du entscheidest dich wahrscheinlich erst mal, nicht laufen zu gehen, zumindest nicht im Freien. Also, was machst du, was denkst du und was fühlst du? Bist du genervt und verärgert, weil dein Vorhaben wort-wörtlich ins Wasser fällt? Bist du weiterhin genervt, dass es nicht geklappt hat, dass du dir die nächsten Tage und Wochen gar nicht mehr vornimmst zu lau-fen? Hast du nun zusätzlich so schlechte Laune, dass du sie gegenüber deinen Mitmenschen, deinem Partner oder deinen Eltern, die mit dir im selben Haushalt wohnen, auslässt? Oder nimmst du diese Situation, die du ohnehin nicht beeinflussen kannst, egal ob genervt, launisch oder neutral gestimmt, an, akzeptierst sie, indem du wahrscheinlich im ersten Moment genervt bist, im zweiten dir aber ein Alternativprogramm für den Abend überlegst? Wie lässt du dich und deine Gedanken, und somit dein Bewusstsein beeinflussen? Welche Macht gibst du dieser unerwarteten Situa-tion? Ich habe solche Situationen früher sehr genervt aufgefasst und meine schlechte Laune daraufhin an meinen Mitmenschen ausgelassen, oft auch emotional zu essen begonnen, und konnte mit dem restlichen Tag meist nichts mehr für mich anfangen. Durch meine bewusste Auseinandersetzung und aktive Stärkung meines Mindsets, meiner Bewusstseinsentwicklung, habe ich aber gelernt, solche Situationen zunächst neutral zu sehen und anzunehmen, bis es mir irgendwann schließlich gelungen ist, eine Alternative zu finden. Entweder fahre ich in diesem Beispiel dann ins Fitnessstudio und laufe auf dem Laufband – sehr gutes Training übrigens für Läufer, zumindest kann ich mir damit immer wieder meine Schnelligkeit verbessern – oder ich nehme diesen Tag als Pausentag dankbar an und lege wirklich eine Pause ein, indem ich mich entspannt auf die Couch lege und das Nichtstun genieße. Gelingt nicht immer so gut und planmäßig, wie hier beschrieben, aber durch meine jahrelange Erfahrung und den Aufbau meiner inneren Dankbarkeitskraft und Zufriedenheitsbasis immer besser und immer einfacher.

Wenn du kein Läufer bist, hier ein weiteres Beispiel: Du verabredest dich mit deinem Partner oder einem guten Freund zum Abendessen. Du hast dir bereits am Tag zuvor oder am Vormittag dein Outfit im Kopf zusammengestellt. Zwei äußerliche Faktoren, die dich an diesem Abend vor der Verabredung beeinflussen und herausfordern werden.

Merke:

Diese Faktoren möchten dich herausfordern und werden dich beeinflussen. Wie sie dich jedoch herausfordern und beeinflussen können, bestimmst ganz allein du selbst. Diese Faktoren kommen an, es ist jedoch deine Einstellung und dein Bewusstsein, das sich für die zu beeinflussende Richtung entscheidet. Das Outfit, das du dir in deinem Kopf zurechtgelegt hast, gefällt dir an diesem Abend nicht oder ist nicht sauber. Du wirst dir also ein Neues suchen. Du probierst unzählige verschiedene Outfits an, bist irgendwann so genervt, weil vermutlich wieder mal nichts (in deinem Kopf) zu passen scheint, die Zeit immer knapper wird und deine Vorfreude in deiner Vorstellung in schlechter und genervter Laune in der Realität ankommt. Du hetzt nun völlig fertig, und anders als in deiner Vorstellung gekleidet, aus dem Haus zu deiner Verabredung, worauf sich gleich darauf Faktor zwei meldet: Das von euch beiden ausgewählte Restaurant hat keinen Tisch frei. Deine Laune sinkt noch tiefer, weil du dich auf deine Lieblingspizza oder Lieblingspasta gefreut hast. So, was nun? Dein Partner nimmt es völlig gelassen, schlägt bereits ein anderes Restaurant vor und freut sich darüber, dich zu sehen und mit dir Zeit zu verbringen. Was machst du? Bist du noch mehr genervt und denkst in Schwarz-Weiß, weil der Abend in diesem Moment deiner Meinung nach sowieso nicht mehr gerettet werden kann? Oder versuchst du dich von den beiden Eckpunkten weg in Richtung Mitte zu bewegen, betrachtest die gute Laune und freudige Ausstrahlung deines Partners beziehungsweise deines Freundes und besinnst dich darauf, worum es an dem heutigen Abend wirklich gehen sollte?

Merke:

Wenn es nicht das erste oder zweite Date mit einem neuen Partner ist, dann sollten sowohl Outfit als auch Lokalität nebensächlich sein. Leichter gesagt als getan, das weiß ich, würde auch mein Freund genauso bestätigen bei mir. Das ist menschlich, aber durch die Schaffung und Etablierung eines starken Bewusstseins gelingt es dir, die erste schlechte Laune zwar für einen kurzen Moment zuzulassen, das ist auch völlig legitim, im nächsten Moment dich dann aber für den restlichen Abend auf die gemeinsame Zeit zu konzentrieren. Du bewegst dich von deinem schwarzen oder weißen Eckpunkt in die Mitte, wo es schon Grau wird.

Ein Bewusstsein zu schaffen und das Bewusstsein zu stärken, betrifft alle Bereiche deines Lebens und ist wichtig für deine eigene innere Balance und das Leben in deinem persönlichen Gleichgewicht.

Bewusstsein schaffen musst du in erster Linie selbst, doch liegt es oft an Führungspersonen, seien es auf oberster Ebene politische Entscheidungsträger, gefolgt von den Vorgesetzten im Unternehmen und sowohl für Kinder wie auch für Erwachsene und vor allem für dein ganzes Leben die Eltern. Eine große Rolle in der Entwicklung eines jeden von uns spielen selbstverständlich auch Pädagogen und Lehrer sowie Freundschaften und Partnerschaften. Ihnen allen, das heißt uns allen, denn wir sind jeder selbst irgendwann mal Partner, Elternteil, vielleicht Führungskraft und Freund, obliegt es, ein Bewusstsein auf diesen Beziehungsebenen zu schaffen. Das kann schon mit einem banalen Beispiel beginnen, indem du deinem Partner, Freund, deinen Eltern oder einem Bekannten

Bücher, die dir selbst in deinem Leben geholfen haben, empfiehlst oder Erfahrungen aus deinem Leben mit ihnen teilst. Damit kannst du sie erreichen und in erster Linie zum Nachdenken anregen. Gedankenanstöße sind oft viel wertvoller als gedacht.

Bewusstsein zu schaffen, liegt in deinen ersten Lebensjahren vor allem bei deinen Eltern sowie in deiner Erziehung, im Eltern-Kind-Umgang, gefolgt von Kindergarten- und Schulpädagogen, also im Pädagogen-Kind-Umgang. Es ist daher essenziell, mit Gesundheitsförderung und dem Verständnis für Achtsamkeit und Ganzheitlichkeit bereits im Kindergarten und in der Schule zu beginnen und Maßnahmen in den Kindergartenalltag sowie im Schulalltag einzubauen und zu etablieren. Vielen Eltern ist der Zugang zu Bildung aus verschiedensten Gründen nicht immer gegeben. Im Kindergarten und in der Schule können aber (fast) alle Kinder erreicht werden. Hinzu kommt, dass du alles in den ersten Lebensjahren und in der Kindheit Erlernte viel stärker verinnerlichen kannst als im Erwachsenenalter. Hier möchte ich noch einmal auf das Beispiel von vorhin zurückkommen. Du lernst Radfahren mit vier, fünf, sechs Jahren und fährst dein ganzes Leben lang mit dem Fahrrad, Ausnahmen aufgrund von Behinderung, Verletzungen oder Unfällen ausgeschlossen. Du denkst nicht darüber nach, was du zu tun hast, wie du es machen sollst, warum du es machen sollst. Du steigst auf das Rad und fährst. Genau das soll auch mit Gesundheitsförderung und Bewusstseinsbildung sowie mit der Stärkung des Mindsets erreicht werden: das Bewusstsein dafür bereits im

Kindesalter zu schaffen und im Laufe des gesamten Lebens zu fördern und zu stärken, auf der einen Seite durch Rahmenbedingungen und Personen von außen und in weiterer Folge und mit zunehmendem Alter zusätzlich und darüber hinaus von uns selbst.

Bewusstsein schaffen bedeutet unter anderem auch, dass du dir bewusst wirst, was du nicht möchtest; dass du dir deine eigene Meinung bilden kannst und den Mut hast, diese zu vertreten, dass du „Nein" sagst, wenn du dir mit einem „Ja" selbst schaden würdest. Bewusstsein schaffen bedeutet vor allem auch, dem Gegenüber, sei es der Partner, die Mutter, der Vater, ein Freund oder auch ein Arbeitskollege oder der Vorgesetzte, deine Prinzipien bewusst zu machen und deine Grenzen zu kommunizieren. Dies geht einher und funktioniert nur durch viel, und vor allem durch die richtige Kommunikation.

Übungen

Zeichne dir folgende Kästchen auf:

Schreibe auf die Linie, in welchen Situationen in deinem Alltag du nur auf der linken Seite und in welchen du nur auf der rechten Seite stehst und danach handelst. Anschließend bringe die einzelnen Punkte von den Endpunkten weg, indem du dir überlegst, wie du in der jeweiligen Situation das nächste Mal anders handeln könntest und wie du anders handeln möchtest. Orientiere dich dabei an den im Text von mir beschriebenen Beispielen mit Laufen/Sport und Wetter sowie Outfit- und Restaurantsuche.

Ein konkretes Beispiel:

Ich bin super genervt, weil ich mir heute einen evening run eingeplant habe und es nun stark regnet. Ich weiß mit meiner Zeit jetzt nichts anzufangen, stopfe mir Süßigkeiten hinein und bin noch mehr genervt, weil es mir dann sowohl mental als auch körperlich nicht gut geht. Zudem lasse ich die schlechte Laune an meinem Partner/meinen Mitbewohnern aus.

Ich bin zwar genervt, überlege mir aber schon mal, womit ich die restliche Zeit des Abends „sinnvoll" verbringen könnte.

Ich nehme mir heute eine aktive Pause, lese in meinem Buch weiter und koche mir etwas Gutes. Danach verbringe ich die Zeit mit meinem Partner/Mitbewohner.

Ich mache mir Gedanken darüber, wann ich wieder laufen gehen möchte, und bemerke, dass meine schlechte Laune erst mal neutral geworden ist.

Ich bemerke, dass es mir so viel besser als das letzte Mal geht, als ich in einer ähnlichen Situation mit dieser schlechten Laune den ganzen restlichen Abend verbracht habe. Heute aber bin ich dankbar für die Alternativtätigkeiten und Abendgestaltung und bin stolz auf mich selbst.

Deine wichtigsten Learnings und was du mitnimmst

Ziel ist es, selbst zu denken, sich zu informieren. Bewusst und aktiv nachzudenken.

Erlaube dir daher, den Platz zwischen zwei Eckpunkten zu sehen. Diese Strecke dazwischen ist viel größer, viel mächtiger. Du füllst sie in deinem Leben aus. Auf dieser Strecke bewegst du dich im Alltag und du erkennst die vielen verschiedenen Möglichkeiten und dein Potenzial. Diese Strecke ist dein aktives Alltagsleben, in dem du dich präsentierst. Du selbst und dein Bewusstsein entscheiden darüber, wo sich äußere Faktoren auf deinem Weg platzieren und wie und in welche Richtung sie dich mehr oder weniger beeinflussen.

Ein Bewusstsein zu schaffen und das Bewusstsein zu stärken, betrifft alle Bereiche deines Lebens und ist essenziell für deine eigene Balance und das Leben in deinem persönlichen Gleichgewicht.

Mit aktiver Bewusstseinsbildung darf und soll in der frühen Kindheit, am besten in den Settings Kindergarten und Schule sowie zusätzlich in den Settings Familie und Eltern-Kind-Beziehung begonnen werden.

Merke:

Du entscheidest für dich selbst, welchen Einfluss wer oder was auf dich in deinem Leben hat. Stärke dein Bewusstsein so, dass du in der Lage bist, diesen Einfluss für dich in die beste Richtung zu lenken und annehmen zu können.

„Du kannst die Wellen nicht stoppen, aber du kannst lernen zu surfen."

Jon Kabat-Zinn

Ich investiere in mich selbst

Investitionen tätigen und Gutes tun

Wir alle tätigen wöchentlich, täglich, oft sogar mehrmals täglich, Investitionen. Du genauso wie ich.

Die wichtigsten Investitionen, die du heute, morgen und im Laufe deines ganzen Lebens tätigen kannst, sind Investitionen in dich selbst. Dabei geht es auf der einen Seite darum, dir selbst in Form von materiellen Dingen etwas Gutes zu tun, wie zum Beispiel ein neues Kleidungsstück zu kaufen, in dem du dich wohlfühlst, einen Ring zu tragen, der dir deinen Alltag versüßt, dir ein Stück von deinem Lieblingskuchen zu gönnen, einen Museumsbesuch, einen Restaurantbesuch, einen Kaffee im Kaffeehaus etc. Die Liste ist lang, und es dürfen natürlich materielle Dinge gekauft werden, um sich selbst etwas Gutes zu tun. Es darf allerdings nicht zur Gewohnheit werden und sollte den eigenen finanziellen Rahmen nicht sprengen. Ich möchte dich nicht dazu verleiten, Geld auszugeben, dennoch bin ich der Meinung, dass auch dein eigenes hart erarbeitetes Geld für etwas ausgegeben werden darf und soll, was dir Freude bereitet und dir selbst ein gutes Gefühl gibt. Außerdem hast du dein Bewusstsein nun bereits so weit aufgebaut, dass du weißt, dass Investitionen in materielle Dinge zwar schön sind und eben zum Leben dazugehören, dass der Outcome aber, nennen wir ihn Freude und Glücksgefühle, eine eher kurzzeitige Dauer hat.

Ein Beispiel hierfür: Probleme mit Alkohol zu ertränken, hilft nichts. Warum nicht? Erstens können Probleme schwimmen und zweitens ist die Investition Alkohol nur kurzfristig wirksam. Genauso verhält es sich mit emotionalem Essen: Du bist traurig, niedergeschlagen, Selbstzweifel und Unsicherheiten plagen dich, und du versuchst, deine Kummerinvestition in Form von Süßigkeiten, Fast Food oder einer großen Menge an Nahrung zu tätigen. Im Augenblick mögen deine Probleme und Unsicherheiten sich verflüchtigen und die Investition erscheint geglückt. Aber in den darauffolgenden Momenten der Nüchternheit waren es nicht nur Fehlinvestitionen, sondern bei mehrmaligen und ständigen Wiederholungen sogar bedrohliche und risikoreiche Investitionen.

Deshalb konzentrierst du dich auf langfristige Investitionen, die bis zu einem großen Teil sogar ohne Geld auskommen; nämlich auf Investitionen in dich selbst, in deine eigene (mentale) Gesundheit. Mit diesem Buch hast du die erste Investition dafür bereits getätigt. Gratulation! Ja, das Buch hat auch (eine kleine Menge) Geld gekostet. Der Outcome wird aber, wenn du es zulässt, wenn du aufmerksam und aktiv für dich in deinem Alltag mitarbeitest, den materiellen

Wert der Geldausgabe um vieles übertreffen. Daher ist die Investition dabei keinesfalls der Kauf des Buches, sondern vor allem das aufmerksame Lesen und in weiterer Folge die aktive und bewusste Gestaltung deines Alltags. Die langfristige Investition ist es, die deine (mentale) Gesundheit nachhaltig stärkt und dein (mentales) Wohlbefinden so stabilisiert, dass du dir selbst ein starkes Mindset für alle Lebenslagen aufbaust. Du darfst das Buch zudem gerne öfter lesen oder bestimmte Kapitel immer wieder aufschlagen, aufmerksam durchlesen und üben. Du kannst deine Gedanken dadurch wieder bewusster steuern und durch die erneute Visualisierung besser ins Gedächtnis zurückrufen.

Investitionen in dich selbst sind Dinge, die dir dabei helfen, dein mentales Gleichgewicht zu finden, es herzustellen, in Balance zu bringen und im besten Fall diese Balance langfristig zu halten. Diese Dinge, diese Investitionen, sind für jeden anders und unterschiedlich, hängen aber doch für dich und mich an einem gemeinsamen dicken Seil. Es kann eine Sportart sein, es kann die Etablierung neuer/alter, aber beständiger Gewohnheiten sein, die eigenen Gedanken und Gefühle an- und auszusprechen, einen Spaziergang zu machen und dabei oder auch sonst irgendwann und irgendwo einen Podcast zu hören, eine für dich gute Ernährungsweise zu finden und in den Alltag einzubauen, neue Hobbys zu entdecken, alte Hobbys wieder aufleben zu lassen und vor allem Freude am Alltagsleben zu bekommen. Diese Freude findest du aber nur dann, wenn du selbst glücklich bist und wenn du für dich gute und positive Gedanken entwickelst, wenn deine eigene Sonne in deinem Inneren scheint, die du auch nach außen strahlen lassen kannst; und wenn du dir dein Mindset so entwickelt hast und immer weiter nachhaltig entwickelst, dass du dich selbst einer starken (mentalen) Gesundheit erfreuen und dich – immer mit Ausnahmen eingeschlossen – selbst (mental) wohlfühlen und dir selbst Gutes tun kannst und vor allem möchtest. Investiere somit zuerst und immer wieder in dich selbst; denn diese Investitionen sind die einzigen, die es immer wert sein werden, für jetzt, für heute, für morgen und für all deine weiteren Lebensprozesse und Alltagsanforderungen, -herausforderungen und -freuden.

Hobbys und Pausen bewusst und aktiv integrieren

Wir alle hatten als Kinder Hobbys; Radfahren, Freunde treffen und mit Freunden spielen, die Welt zusammen entdecken, Lesen, Malen, mit Oma und Mama kochen und backen, Fußball spielen etc. Die Liste war mit Sicherheit auch bei dir lang und die Tage, besonders im Frühling und Sommer, waren meistens zu kurz.

Was sind deine Hobbys? Hast du (jetzt noch) Hobbys? Lebst du deine Hobbys denn überhaupt (noch)?

Hobbys beanspruchen Zeit. Zeit, die wir investieren, in und für uns selbst, in Beziehungen, Freundschaften, in unsere Vorlieben und Leidenschaften, und Zeit, die uns etwas zurückgibt. Nicht nur etwas, sondern ganz oft sehr viel. Hobbys sind Dinge und Tätigkeiten, die

wir gerne machen und ausüben, die uns Freude bereiten, die uns Spaß machen und bei denen wir positive
Gedanken und Gefühle entwickeln und erleben. Als
Kinder, speziell im Kindergarten- und Volksschulalter,
wird diesen Dingen mit einer Selbstverständlichkeit
und Leichtigkeit nachgegangen. Natürlich lässt sich die
Kindheit nicht mit dem Oberstufenalter, der Jugend sowie dem Erwachsenenleben vergleichen, und dennoch
sollten wir sie nie aus unserem Bewusstsein verlieren.
Auch wenn du als Erwachsener vielen Terminen und
anderen Herausforderungen nachgehen musst beziehungsweise darfst, solltest du diese Unbeschwertheit
weitestgehend beibehalten beziehungsweise wieder
erlernen. Leider verlieren wir diese Sorglosigkeit meistens und kommen dann irgendwann zu einem Punkt,
an dem wir uns fragen: Wofür lebe ich denn? Wofür
arbeite ich? Warum habe ich keine Zeit für ...?

Ja, wir möchten alle erfolgreich sein, viel Geld verdienen, Anerkennung bekommen, uns weiterentwickeln, wir alle streben nach Höherem. Dieses Streben
nach mehr, nach Besserem und diese Weiterentwicklung kann dir aber nur gelingen, wenn du im Einklang mit dir selbst bist, wenn du nicht nur arbeitest,
sondern auch Pausen machst, wenn du nicht nur „on
the go" bist, sondern auch mal innehältst und deine
Dankbarkeitskraft aktiv spürst; und wenn du Tätigkeiten ausübst, Dingen nachgehst, die dir Freude bereiten. Bis zu einem gewissen Punkt mag es vielleicht
auch gut gehen und selbstverständlich erfordern eine
Berufskarriere, eine Familiengründung usw. Fleiß und
Disziplin. Je nachdem, welches Studium, welchen Job,
welches Gehalt usw. du anstrebst, darfst du gerne auch

mal mehr arbeiten und viel lernen. Trotzdem kannst, darfst und sollst du nicht fast 24/7 arbeiten, das heißt, dein Körper kann nicht 20 Stunden jeden Tag der Woche arbeiten, denken und funktionieren. Du kannst weder von deinem Körper noch von deinem Geist nur verlangen und nur nehmen und sie sozusagen aussaugen, sondern musst ihnen genauso etwas zurückgeben und sie wieder füttern, sie wieder aufbauen, damit sie wieder stark für dich da sein können. Urlaub und Reisen sind dabei für viele eine gute Option, um abzuschalten und dem Körper die nötige Energie zurückgeben zu können. Die meisten von uns haben jedoch nur fünf Wochen pro Jahr Urlaub. Die anderen 47 Wochen sind fast das Zehnfache dieser Zeit. Du solltest für dich daher anstreben, nicht nur im Urlaub auf den persönlichen Pausenknopf zu drücken, sondern genauso in der restlichen Zeit des Jahres, in deinem Alltag. Das kannst du lernen. Aktive und bewusste Pausen machen. Wir werden nicht bei der Arbeit kreativ, sondern in unseren Pausen. Unsere Muskeln wachsen nicht im Training, sondern in der Erholungs- und Regenerationsphase.

Wir alle tun etwas gerne. Mach dir Gedanken, was du gerne und vor allem was du regelmäßig gerne machst und machen möchtest. Finde deine Hobbys, egal ob es nur zwei sind oder vielleicht fünf. Konzentriere dich darauf, was dir Spaß macht, wobei dein Herz höherschlägt, und wann du von innen heraus so richtig strahlen kannst. Mit Sicherheit zaubert es dir bereits jetzt in diesem Moment, beim Nachdenken an diese Tätigkeiten, ein Lächeln ins Gesicht. Denkst du dir nun auch, warum du all diese Dinge so lange nicht gemacht hast? Warum du diese Freunde oder nahestehenden Menschen so lange nicht angerufen, so lange nicht gesehen hast?

Ja, du hast vermutlich dich und deine Hobbys, deine Leidenschaft, vernachlässigt. Das hat dir, deinem Körper und deiner Seele hoffentlich noch nicht zu sehr geschadet, sondern dich und ihn womöglich nur ausgelaugt. Erlaube dir aktiv und bewusst auf der Reise mit diesem Buch deinen Körper, deinen Geist und deine Seele wieder zueinander zu führen, diese Beziehung wieder aufzubauen und zu stärken und in Einklang zu bringen.

Du hast dich nun daran erinnert, dass du (deine) Hobbys brauchst, dass du Zeit für dich selbst und/oder mit Lieblingsmenschen im Alltag benötigst, damit du gemeinsam mit deinem Körper und deiner Seele gut funktionieren und deinen Aufgaben und Herausforderungen mit Stärke und Freude begegnen kannst und ihnen vor allem wieder begegnen möchtest. Du denkst als Nächstes bestimmt an deine vermeintlich fehlende Zeit, die dir aber eben nur vermeintlich und gar nicht wirklich fehlt. Wir haben alle genau gleich viele Stunden, Minuten und Sekunden am Tag Zeit zur Verfügung. Du darfst dich bewusst – auch mit Job, Familie und Haushalt – dazu entscheiden, wofür du deine Zeit investierst und wie viel du davon für unterschiedliche Tätigkeiten und Aufgaben aufwendest. Außerdem mach dir unbedingt gleich jetzt bewusst, dass du dich niemals rechtfertigen musst, wofür du deine eigene Zeit investierst. (Wenn du in einer Partnerschaft lebst oder Kinder hast, ist es natürlich sinnvoll, über die freie Zeit zu kommunizieren und diese gemeinsam einzuteilen.) Es ist dein Leben, dein Alltag und deine Zeit. Es gibt keine Sportart, keine Freizeitaktivität und keinen Job, der mehr oder weniger wert ist. Du kannst die Freude, die eine Person XY aus ihrem Hobby zieht, nicht kopieren. Du kannst kein Leben kopieren und du kannst keinen Alltag kopieren; vielleicht mal ein Outfit, aber das war es dann auch schon. Du bist keine Kopie, du bist individuell und einzigartig. Genauso individuell sind deine Vorlieben für und Abneigungen gegen bestimmte Dinge, die du nach innen und außen leben und zeigen darfst, ganz selbstbewusst und stark.

Mache dir bewusst Gedanken, was und wer dir im Leben wichtig ist, welche Menschen, welche Dinge, welche Tätigkeiten und welche Hobbys. Denke darüber nach, was du gerne machst, und vor allem, was du gerne wieder regelmäßig machen möchtest, was du gerne wiederkehrend in deinen Alltag aufnehmen und integrieren möchtest. Danach nimm deinen Kalender zur Hand oder öffne deinen digitalen Planer und schaue dir an, wann du am besten wofür Zeit finden kannst. Diese Planung ist wichtig, damit es zur tatsächlichen Umsetzung deiner Vorhaben kommt und die Gedanken daran nicht wieder verschwinden. Wenn es dir hilft, trage dir gerne Termine dafür im Kalender ein oder blockiere dir einige mögliche Stunden dafür. Zum Beispiel: Montag, 17–18 Uhr, Sport eingetragen. Dienstag, 18 Uhr, Abendessen mit meinem Freund/ Bekannten. Mittwochabend, nach 20 Uhr, Buch „XY" lesen. Donnerstagmorgen vor der Arbeit, 7 Uhr, Sport. Freitag nur bis zum Mittag, maximal 14 Uhr, arbeiten, danach Wochenende. Das sind, wie gesagt, lediglich

Beispiele und die Situationen werden nie zu 100 % genau so ablaufen, da wir alle einen unterschiedlichen Beruf ausüben, unterschiedliche Familienverhältnisse haben und in unterschiedlichen Zeitrhythmen leben. Dennoch kann das ein hilfreiches Tool, vor allem zu Beginn, sein, solange du dich mit der Frage nach der vermeintlich fehlenden Zeit beschäftigst.

Ziel dabei ist es, deine Hobbys wieder so aufzunehmen, dass du sie irgendwann nicht mehr zwingend in den Kalender eintragen und nachschauen musst, sondern dass du diese Zeit wieder so gerne für dich nutzt, dass du sie im Kopf hast, mit voller Vorfreude darauf, und vor allem wissend, dass du Energie daraus ziehen wirst und die Aufgaben und Herausforderungen dadurch am nächsten Tag gerne, vor allem aber stark, mutig und selbstbewusst bewältigen kannst und wirst. Hobbys, Zeit für dich selbst, vor allem in Form von Bewegung und Sport, stärken dein körperliches und mentales Wohlbefinden, bauen dein Selbstbewusstsein auf, fördern deine Selbstsicherheit und bringen deine Persönlichkeit auf eine höhere, ganz anders erlebte Ebene. Das soll im Gegensatz dazu jedoch nicht heißen, dass du jeden Tag zwei Stunden Sport machen musst. Erinnere dich an die Strecke zwischen Schwarz und Weiß, auf der du anhand deiner individuellen Fähigkeiten und Möglichkeiten deinen Alltag auf die beste Weise für dich selbst gestaltest.

Pausen sind wichtig. Pausen ermöglichen es dir, dich selbst zu erholen. Durch aktive und bewusste Pausen versetzt du sowohl deinen Körper als auch deinen Geist und deine Seele in eine Erholungsphase. Hohe

Arbeitsanforderungen im Alltag erfordern Pausen. Pausen im Alltag, in den 47 Wochen, die fast das Zehnfache dieser großen Pause in Form deines Urlaubs ausmachen. Der Schlaf kann deine Erholungsphasen, die dein Körper, dein Geist und deine Seele zusammen benötigen, nicht alleine bewältigen und vor allem nicht kompensieren. Du musst ihn dabei tagsüber und aktiv unterstützen.

Pausen darfst du dir bewusst gestalten und aktiv nehmen. Du hast dabei die Kontrolle über die Zeit- und Ressourcenplanung deiner Pause, in der du dich sowohl körperlich als auch mental von der jeweiligen Aufgabe, Handlung oder deinem Arbeitsplatz distanzierst. Im besten Fall gestaltest du deine Pause mit einer aktiven körperlichen Betätigung, die sowohl Körper und Geist in Schwung bringt und dich gleichzeitig körperlich und mental unterstützt und stärkt.

Gestalte dir deine Pause so, wie du sie möchtest, wie es dein Körper, dein Geist und deine Seele verlangen und benötigen, sowie nach deinen individuellen Möglichkeiten und Fähigkeiten.

Wichtig dabei ist, dass du eine echte Pause machst. Am besten und effektivsten ist es, wenn du vor einer Pause eine Aufgabe abschließt und eine Handlung zu Ende führst, da du sonst Gefahr läufst, die Gedanken an diese Aufgabe und Handlung in deine Pause mitzunehmen. Wenn eine Beendigung eines To-dos oder einer Tätigkeit vor der Pause oder vor deinem Feierabend aus unterschiedlichen Gründen und Gegebenheiten nicht möglich ist, notiere dir das Unerledigte für den nächsten

Tag beziehungsweise für die Zeit nach der Pause. Arbeite am besten mit To-do-Listen in deinem Kalender, einem Notizblock oder digital.

Die Länge deiner Pause kann nicht pauschal bestimmt werden und ist immer unterschiedlich und subjektiv sowie auf die jeweilige Aufgabe, Situation und Tätigkeit zu beziehen. Versuche anfangs, die Pausen nicht zu lange zu gestalten, sondern lieber öfter kurze Auszeiten einzubauen, in denen du bewusst und aktiv abschalten kannst. Langfristig und für dein (mentales) Wohlbefinden sowie nachhaltig für deine (mentale) Gesundheit ist es wichtig, dass du Pausen zwar immer aktiv einplanst, aber zusätzlich in der Lage bist, dir kurze spontane Auszeiten zu nehmen, zum Beispiel, indem du deine Sporttage tauschst, deine Verabredung verschiebst oder den Abend auf der Couch verbringst, wenn es dein Körper, dein Geist und/oder deine Seele verlangen. Ziel ist es, durch die Bewusstseinsschaffung dich selbst und deinen Körper, deinen Geist und deine Seele kennenzulernen und auf einer Ebene so zusammenzuführen, dass sie miteinander arbeiten und kommunizieren.

Mach dir bewusst, dass du dir Pausen nicht verdienen oder gönnen musst, sondern erlaube dir, Pausen zu machen, ohne dich zu rechtfertigen, weder vor dir selbst noch vor jemand anderem. Eine ehrliche und direkte Kommunikation sowohl mit dir selbst als auch mit anderen (zum Beispiel mit deinem Partner, mit deiner Freundin, aber auch mit deinem Arbeitskollegen oder Vorgesetzten) ist dabei besonders hilfreich. Kommuniziere deine Bedürfnisse ehrlich und aktiv. Je weniger Pausen du aktiv und bewusst in deinen Alltag einbaust und je höher deine Arbeitsbelastung und deine geistigen und mentalen Anforderungen sind, desto eher bringst du dich selbst in ein mentales Ungleichgewicht, was langfristig zu deiner schlechten (mentalen) Gesundheit bis hin zu einer Depression führen kann. Außerdem wird deine Leistung durch zu wenige Pausen und ständige Belastung nicht nur ab-, sondern irgendwann gegen null fallen. Dein Körper, dein Geist und deine Seele werden durch ständiges Nehmen und Verlangen müde und irgendwann erschöpft. Ausreichende Pausen und ausreichend Schlaf sind für dein (mentales) Wohlbefinden und langfristig und nachhaltig für deine (mentale) Gesundheit essenziell.

Pausen und Erholungsphasen fördern darüber hinaus deine Kreativität und deine Fähigkeiten. Oftmals hilft es, eine Aufgabe, eine Sache oder ein Problem ruhen zu lassen, um davon Abstand zu gewinnen. Durch die aktive Pause und bewusste Distanzierung von der Aufgabe, der Sache oder dem Problem kommen Ideen, Lösungen und weitere Handlungsmuster oft ganz von selbst und unerwartet.

Pausen und Erholungsphasen müssen dir nicht nur zum Stressabbau dienen, sondern lassen im besten Fall gar keinen Stress aufbauen. Die Schaffung von Gewohnheiten und die Etablierung von Routinen helfen dir, aktive und bewusste Pausen sowohl im privaten als auch im Arbeitsalltag und in der Freizeit, in der Partnerschaft und in Beziehungen zu integrieren. Pausen aktiv zu setzen, bedeutet, deine eigene (mentale) Gesundheit aktiv zu managen. Stärke dein Pflichtbewusstsein gegenüber dir selbst, gegenüber deinem Körper, deinem Geist und deiner Seele, um durch den Einsatz von Pausen und Erholungsphasen langfristig und nachhaltig leistungsfähig, kreativ und (mental) gesund zu bleiben. Pausen halten deine innere (mentale) Balance aufrecht. Zusätzlich stärken Bewegungspausen und Sporteinheiten in deiner Freizeit deinen Körper und deine Fitness. Außerdem fördern Pausen und Erholungsphasen die Motivation. Deine Kreativität und deine Ideen werden nicht nur geformt, sondern gleichzeitig motiviert umgesetzt.

Meine Tipps für kurze mentale Auszeiten im Alltag:
- Sporteinheiten, die in deine Alltagsstruktur passen
- Alltagsbewegung einbauen
- Einen Spaziergang machen (und Podcast hören)
- Tagträumen und an die nächsten schönen Ereignisse denken
- Den Kaffee/Tee bewusst genießen und gleichzeitig reflektieren
- Ein Restaurant mit deinem Partner oder einer Freundin besuchen
- Fingernägel lackieren
- Ab und zu kurze Powernaps (10–15 Minuten)
- Fotos anschauen
- Weihnachtskekse backen

Früher habe ich meine Erholungsphase fast nur auf meine Wochenenden beschränkt und selbst an diesen beiden Tagen war ich damit beschäftigt, nur zu planen, zu denken und mir Sorgen zu machen. Richtig abschalten und mich mental sowie körperlich erholen konnte ich mich früher nur im Urlaub, den ich in einem anderen Land verbrachte, weit weg vom Alltag. Der Urlaub war für mich einerseits eine Art Flucht vor dem Alltag, endlich dieses Wegkommen und einfach mal leben und das Leben genießen, fernab von all den Alltagsproblemen, -herausforderungen und -schwierigkeiten, und andererseits schöne Erinnerungen schaffen, von denen ich oft das restliche Jahr über zehrte. Und trotzdem war ich selbst im Urlaub mental nie ganz frei. Meine Gedanken, meine Sorgen haben mich immer begleitet. Der Urlaub war begrenzt, meistens drei Wochen im Sommer, von denen schon einige Tage Nach- und Vorbereitung abgezogen werden mussten. Meine Gedanken an die Zeit danach, an diese begrenzte Freiheit und dieses begrenzte innere Glücksgefühl waren auch im Urlaub immer präsent. Ich konnte mich zwar erholen und habe meine Träume und Hoffnungen im Urlaub immer ein bisschen größer werden lassen, und trotzdem habe ich mir damals immer gewünscht, das ganze Jahr Urlaub zu haben; nicht weil ich faul war und nicht arbeiten wollte, nein, ganz im Gegenteil, weil ich im Urlaub mein Leben auf eine andere Ebene stellen konnte. Warum ich dir das erzähle? Weil du die Möglichkeit hast, es besser zu machen. Du kannst nun durch mein Worst-Case-Szenario während vieler Jahre und anhand meiner Tipps für kleine Pausen im Alltag erkennen, warum du durch regelmäßige Erholungsphasen und Auszeiten dein (mentales) Wohlbefinden aufrechterhalten und deine (mentale) Gesundheit stärken und fördern kannst. Suche dir aus dem Buch jene zusammen, die dir guttun.

Übungen

Kreise deine Hobbys beziehungsweise die Dinge, die du zukünftig deine Hobbys nennen möchtest, ein:

Backen

Fitnessstudio

Laufen

Kochen

Radfahren

Home Workout

Buch lesen

Spaziergang machen

Podcast hören

Date mit Freunden

Wandern

Partner Dates

Solo Dates

Hörbuch hören

Tanzen

Schwimmen

Skifahren

Date Night

Es reicht auch, wenn du für den Anfang nur 1–3 Tätigkeiten findest beziehungsweise finden möchtest. Du kannst dich ohnehin zunächst besser auf wenige Sachen konzentrieren und nicht gleich auf die gesamte Tabelle.

Nimm nun deinen Kalender zur Hand und schaue dir deine nächste Woche an. Wann arbeitest du? Wann bist du zu Hause? Hast du schon private Termine eingetragen? Danach konzentriere dich auf deine freie Zeit und wähle zwei Tage aus, an denen du aktiv Investitionen für dich selbst tätigen möchtest. Trage dir auch aktiv Pausentage ein, mindestens zwei nachhaltig, ich empfehle dir anfangs aber vier. Das heißt zwei bis drei Tage Aktivität und vier Tage Pause.

Montag	8–17 Uhr Arbeiten	18.30 Uhr Sport
Dienstag	8–17 Uhr Arbeiten Pausentag	18 Uhr Arzttermin
Mittwoch	7–16 Uhr Arbeiten Pausentag	18 Uhr Partner Dinner Date
Donnerstag	20–7 Uhr Nachtdienst	Kochen, Spaziergang, Buch lesen oder Hörbuch hören
Freitag	Frei	Nachmittag Solo Date
Samstag	Frei	Familie besuchen, einkaufen
Sonntag	Frei	Radfahren, die neue Woche vorplanen

Hier könnten so viele unterschiedliche Tabellen befüllt werden, weil du einen ganz anderen Zeitrhythmus hinsichtlich Arbeit, Freizeit und Alltag bespielst als ich. Diese Tabelle soll dir lediglich eine beispielhafte Veranschaulichung sein, wie du sowohl deine Freizeit und Hobbys als auch deine Arzttermine und Verabredungen im Kalender eintragen kannst. Abhängig auch von Jahreszeiten wird eine Woche nie gleich ablaufen wie die nächste oder die vergangene. Du darfst dir bewusst vornehmen, vor allem wenn du dich körperlich krank oder nicht fit fühlst, extra Pausen einzulegen und deine Sporteinheit, deine Verabredung an diesem Tag oder für die nächsten Tage zu streichen. Ein wichtiger Reminder an dieser Stelle: Bitte gehe nie krank oder zu früh nach einer Krankheit zum Sport. (Im Zweifelsfall bitte immer mit einem Arzt abklären.) Warte unbedingt einige Tage, nachdem du dich wieder vollkommen fit fühlst, um deine nächste Sporteinheit zu machen. Plane stattdessen einen ruhigen Spaziergang oder eine Stretching-Einheit zu Hause ein. Gleichzeitig darfst du dir ebenso bewusst werden, dass es anfangs Disziplin erfordert, um am Ende Freude und Motivation als Ergebnis zu erreichen und zu bekommen. Deshalb darfst und sollst du unbedingt anstreben, diese Zeiten einzuhalten und aktiv abzuhaken. Versuche daher unbedingt, dir deine Woche realistisch zu planen. Du kennst dich, deinen Rhythmus und deine Arbeits- und Alltagsanforderungen. Zuletzt, aber nicht weniger wichtig, erinnere dich daran, dass deine neue Einteilung, deine neue Wochengestaltung auf keinen Fall zusätzlich Stressreaktionen in dir hervorrufen darf. Ja, es erfordert am Anfang Disziplin und Fleiß, aber dein Spaß daran darf (fast) nie verloren gehen.

Hier könnten so viele unterschiedliche Tabellen befüllt werden, weil du einen ganz anderen Zeitrhythmus hinsichtlich Arbeit, Freizeit und Alltag bespielst als ich. Diese Tabelle soll dir lediglich eine beispielhafte Veranschaulichung sein, wie du sowohl deine Freizeit und Hobbys als auch deine Arzttermine und Verabredungen im Kalender eintragen kannst. Abhängig auch von Jahreszeiten wird eine Woche nie gleich ablaufen wie die nächste oder die vergangene. Du darfst dir bewusst vornehmen, vor allem wenn du dich körperlich krank oder nicht fit fühlst, extra Pausen einzulegen und deine Sporteinheit, deine Verabredung an diesem Tag oder für die nächsten Tage zu streichen. Ein wichtiger Reminder an dieser Stelle: Bitte gehe nie krank oder zu früh nach einer Krankheit zum Sport. (Im Zweifelsfall bitte immer mit einem Arzt abklären.) Warte unbedingt einige Tage, nachdem du dich wieder vollkommen fit fühlst, um deine nächste Sporteinheit zu machen. Plane stattdessen einen ruhigen Spaziergang oder eine Stretching-Einheit zu Hause ein. Gleichzeitig darfst du dir ebenso bewusst werden, dass es anfangs Disziplin erfordert, um am Ende Freude und Motivation als Ergebnis zu erreichen und zu bekommen. Deshalb darfst und sollst du unbedingt anstreben, diese Zeiten einzuhalten und aktiv abzuhaken. Versuche daher unbedingt, dir deine Woche realistisch zu planen. Du kennst dich, deinen Rhythmus und deine Arbeits- und Alltagsanforderungen. Zuletzt, aber nicht weniger wichtig, erinnere dich daran, dass deine neue Einteilung, deine neue Wochengestaltung auf keinen Fall zusätzlich Stressreaktionen in dir hervorrufen darf. Ja, es erfordert am Anfang Disziplin und Fleiß, aber dein Spaß daran darf (fast) nie verloren gehen.

Nimm dafür diese kleine Anleitung:

▷ Nimm dir Zeit dafür, Hobbys und Tätigkeiten zu finden, die dir in deinem Alltag (und nicht nur in deiner Vorstellung, weil es deine Freundin auch macht) Spaß machen.

▷ Nimm dir Zeit, um dir deine neue Woche mit diesen Tätigkeiten zu gestalten und zu planen sowie diese Tätigkeiten in deinen Kalender einzutragen.

▷ Nimm dir Zeit, dir diese neue Woche aktiv zu visualisieren. Du kannst dir Notizen oder Zeichnungen dazu machen oder dir selbst Sprachnachrichten oder kurze Videos aufzeichnen.

▷ Lebe diese Woche genau so, wie in deinem Kalender eingetragen (Ausnahme: Krankheit/Unfall).

▷ Nimm dir am Sonntagabend nach dieser Woche Zeit, um ehrlich zu reflektieren:
  - Spiele jeden Tag (von Montag bis Sonntag) noch einmal in deinen Gedanken anhand deines Kalenders und deiner Notizen etc. durch.
  - Was ist an jedem einzelnen Tag gut, was weniger gut gelaufen?
  - Wie viele Häkchen konntest du setzen? Was hast du nicht abgehakt und warum nicht?
  - Wie hast du dich direkt vor, während und nach Erledigung deiner bewusst eingeteilten Freizeit, Sportaktivität, Verabredung gefühlt, welche Emotionen hast du wahrgenommen?

- Wie ist es dir am Abend des jeweiligen Tages ergangen und wie am Morgen danach?
- Hast du bereits Veränderungen erkennen können und wenn ja, welche?

▷ Mach einen kurzen Moment Pause.

▷ Danach beginne mit der Planung und Einteilung der neuen Woche unter Berücksichtigung deiner vergangenen Woche:
- Beziehe deine Motivation, Leidenschaft, deine Herausforderungen sowie alle Gefühle, Emotionen und Schwierigkeiten mit ein.
- Du musst die neue Woche nicht zwingend gleich machen. Auch wenn du anfangs Disziplin aufbringst, kannst du trotzdem schon nach einer Woche bemerkt haben, dass ein Punkt so gar nicht zu dir und deinem Alltag passt.

▷ Versuche in der neuen (zweiten) Woche eine kurze Reflexion nach der Hälfte einzubauen, zum Beispiel am Mittwoch- oder Donnerstagabend.

▷ Wiederhole und integriere diese Übungen gerne so lange, wie es dir guttut, allerdings mindestens für 5–8 Wochen.

▷ Danach vergleiche und mache eine Gesamtreflexion nach den acht Wochen.

▶ Du wirst nun Muster erkennen können:

- Was war ähnlich? Was war unterschiedlich?
- Warum hast du manches wiederholt oder weggelassen?
- Welche Investitionen, Hobbys, Tätigkeiten haben besondere Gefühle in dir hervorgerufen?
- Welche Veränderungen in deinem Alltag nimmst du wahr?
- Welche Veränderungen möchtest du langfristig mitnehmen und nachhaltig umsetzen?
- Welche Investitionen möchtest du mitnehmen und langfristig umsetzen?

Deine wichtigsten Learnings und was du mitnimmst

Die wichtigsten Investitionen, die du heute, morgen und im Laufe deines ganzen Lebens tätigen kannst, sind Investitionen in dich selbst.

Investitionen in dich selbst sind Dinge, die dir dabei helfen, dein mentales Gleichgewicht zu finden, es herzustellen, in Balance zu bringen und im besten Fall diese Balance langfristig und nachhaltig zu halten.

Hobbys beanspruchen Zeit. Zeit, die wir in uns selbst investieren, ist Zeit, die uns für uns selbst etwas zurückgibt. Hobbys stärken dich sowohl körperlich als auch mental.

Du kannst weder von deinem Körper noch von deinem Geist nur verlangen und nur nehmen und sie sozusagen aussaugen. Du musst ihnen genauso etwas zurückgeben und sie wieder füttern, sie wieder aufbauen, damit sie wieder stark für dich sein können. Du sollst nicht nur im Urlaub auf deinen persönlichen Pausenknopf drücken, sondern genauso in der restlichen Zeit des Jahres, in deinem Alltag. Du kannst lernen, aktive und bewusste Pausen zu machen. Wir werden nicht bei der Arbeit kreativ, sondern in unseren Pausen. Unsere Muskeln wachsen nicht im Training, sondern in der Erholungs- und Regenerationsphase.

Wir alle tun etwas gerne. Langfristiges Ziel ist es, Hobbys in deinem Alltag so zu integrieren, dass sie dir Freude und Motivation schenken, dass sie zur Gewohnheit werden und du sie irgendwann so nachhaltig etablierst, dass sie nicht wegzudenken sind.

Körperliche Bewegung und Sport stärken dich nicht nur physisch, sondern nachhaltig auch und vor allem psychisch.

Merke:

Hobbys sind nicht bloß Hobbys. Unsere Hobbys geben uns Zeit für uns selbst, für unseren Körper, für unser Sein. Sie bereiten uns Freude, geben uns Energie, bauen unser Selbstbewusstsein auf und stärken unsere Selbstsicherheit.

Plane Pausen und Erholungsphasen aktiv und bewusst, um dein (mentales) Wohlbefinden aufrechtzuerhalten, deine Leistungsfähigkeit und Kreativität zu stärken und deine (mentale) Gesundheit langfristig und nachhaltig zu fördern.

Pausen und Erholungsphasen pushen deine Kreativität und deine Fähigkeiten. Pausen aktiv zu setzen, bedeutet, deine eigene (mentale) Gesundheit aktiv zu managen. Stärke dein Pflichtbewusstsein gegenüber dir selbst, gegenüber deinem Körper, deinem Geist und deiner Seele, um durch den Einsatz von Pausen und Erholungsphasen langfristig und nachhaltig leistungsfähig, kreativ und (mental) gesund zu bleiben.

„Faulheit ist ein teures Hobby, das sich nicht jeder leisten kann."

Franz Schmidberger

„Auch die Pause gehört zur Musik."

Stefan Zweig

Ich öffne mich

Chancen sehen und Chancen wahrnehmen

„Die Chance klopft öfter an, als man meint, aber meistens ist niemand zu Hause." (Will Rogers)

Nimmst du Chancen wahr oder denkst du in Problemen statt in Lösungen und Erfahrungen? Siehst du das Wachsen der Pflanzen oder siehst du den grauen Regentag?

Es sind die dankbaren Menschen, die zufrieden und glücklich sind. Es sind die dankbaren Menschen, die Chancen aktiv sehen können. Und es sind die Menschen, die sich mental in ihrem Alltag wohlfühlen, das heißt, aus ihrer Dankbarkeitskraft schöpfen können, die Chancen nicht nur sehen, sondern aufgreifen können und ihr Leben damit bereichern.

Wir können uns antrainieren, Chancen aktiv wahrzunehmen und bewusst zu sehen.

Eine Chance muss nicht immer etwas Großes sein.

Chancen können auch aus vermeintlich negativen Dingen und Erlebnissen hervorgehen. So kannst du zum Beispiel die Chance darin sehen, deine Fehler als Erfahrungen anzunehmen und aus ihnen zu lernen. Beim nächsten Mal möchte ich für mich anders handeln, anders denken und diese Erfahrung mitnehmen.

Du bist, was du denkst, und was du denkst, ziehst du an. Gehst du mit offenen Augen durch den Tag, durch das Leben, werden dir mehr Chancen begegnen als Hindernisse. Bist du bereit, dich zu öffnen, bereit, Neues zu sehen, zu erleben, wirst du vor allem Positives und wenig Negativität in deinem Leben erfahren, sondern viel mehr Chancen, im schlimmsten Fall Herausforderungen. Öffne dich und deinen Blick auf Chancen und du wirst sie nicht nur sehen, sondern ganz bewusst für dich selbst auf- und annehmen können.

Das Nichterkennen von Chancen in Unternehmen kann teilweise sogar zu einem Risiko führen, wenn Mitbewerber diese vom Unternehmen nicht genutzte Möglichkeit erkennen und aufgreifen. Im wirtschaftlichen Kontext spricht man vom sogenannten Chancenmanagement. Dieses Chancenmanagement kannst du genauso auf dich, dein Leben und deinen Alltag projizieren. Bist du verschlossen und siehst deine unzähligen Möglichkeiten für dich und dein Leben nicht oder bist du zu unsicher, fühlst dich nicht wohl, bist mental schwach und deine Selbstzweifel sind stärker als deine Selbstsicherheit, wirst du irgendwann mitansehen müssen, dass diese Chancen von jemand anderem in deinem Umfeld wahrgenommen worden sind. Gefühle wie noch stärkere Unsicherheit, Selbstzweifel, Motivationslosigkeit, Traurigkeit, aber auch Neid und Miss-gunst werden dich erreichen. Warum kann Person XY das und ich nicht? Warum habe ich es nicht gemacht? Diese Situationen können in allen Bereichen deines Lebens auftreten. So bist du zum Beispiel nicht mutig genug, um Urlaub für einen bestimmten Zeitraum oder um eine Gehaltserhöhung zu fragen, deine Kollegin aber schon. Du bist vielleicht auch nicht mutig, aber auch nicht motiviert genug, das neue Projekt umzu-setzen, deine Kollegin aber schon. Du bist nicht leiden-schaftlich genug und von Unsicherheiten geprägt, dei-ne eigenen Träume in die Wirklichkeit zu bringen und in die Realität umzusetzen, deine Freundin aber schon. Daher beginne mit aktivem Chancenmanagement für dich, für dein Leben und für den Alltag, den du leben möchtest. Trainiere dein Bewusstsein dahingehend, endlich das Wachsen der Pflanzen, anstatt nur einen trostlosen grauen Regentag wahrzunehmen. Trainiere dein Bewusstsein, dass du in jeder Aufgabe, in jeder Herausforderung und in jeder Situation die Chance für eine weitere Erfahrung sehen kannst.

Reminder, was du schon weißt: Deine Erfahrungen formen dich.

Du musst nicht in jeder Situation und in jeder Aufgabe etwas Großartiges oder nur Positives sehen. Erfahrungen müssen nicht positiv sein. Erfahrungen dürfen auch neutral oder mal negativ sein. Aber jede Erfahrung ist die Chance zur Weiterentwicklung, die Chance, deinen Zielen einen Schritt näherzukommen, und vor allem bietet dir jede Erfahrung die Chance, dich selbst stolz zu machen, und löst Gefühle von

Erfolg aus. Jede Chance, die du als Erfahrung erlebst, lässt dich selbst sowie dein Selbstbewusstsein wachsen und stärkt deine Selbstsicherheit. Du darfst auch mal eine Chance verpassen und sollst nicht beginnen zu jagen oder, noch schlimmer, ungeduldig zu werden, weil du plötzlich in allem und jedem eine neue Chance wahrnehmen möchtest. Du darfst deinem Bewusstsein Zeit geben, dir selbst Zeit geben und deine Gedanken trainieren. Du brauchst dich nicht auf die Suche nach deinen Chancen zu machen. Chancen treten immer genau dann in dein Leben, wenn deine Zeit dafür gekommen ist und du bereit für die aktive Wahrnehmung bist. Deine Aufgabe besteht nach deiner Bewusstseinsbildung darin, diese Chancen auch aktiv anzunehmen und sie in dein Leben bewusst einfließen zu lassen.

Dein Leben gibt dir Chancen, weil es dir etwas ermöglichen möchte, weil es dir eine Aussicht für etwas bereitstellen möchte. Wenn du im Wort C H A N C E das mittlere C durch ein G austauschst, erhältst du das englische Wort „Change", also Veränderung. Eine Chance bietet dir also eine Möglichkeit zur Veränderung, zur Erneuerung und zur Verwirklichung. Veränderungen betreffen auch ganz kleine Entwicklungen in deinem Leben, egal in welchem Bereich. Dein Leben übernimmt die Bereitstellung für dich, die Wahrnehmung liegt in deiner Macht, ebenso wie die Umsetzung, Kreativität und die Eingliederung in dein Leben und in deinen Lebensalltag. Löse dich aber von jenen Gedanken, dass du dich ständig verändern musst. Du gehst in deinem eigenen Tempo und du selbst bestimmst die Richtung und die Anzahl deiner Chancen. Wichtig ist, dass du alle Chancen, die dir dein Leben bietet, aktiv siehst und bewusst wahrnimmst. Ob du sie dann tatsächlich und immer oder wie und mit welcher Geschwindigkeit umsetzt, liegt gemäß deiner individuellen Fähigkeiten und Lebensumstände immer bei dir selbst und in deiner Macht.

Kommunikation etablieren und Kommunikation leben

Wichtig und essenziell für die Etablierung deines Mindsets, für die Stärkung deines Selbstbewusstseins, die Bildung und Aufrechterhaltung von Beziehungen und für deine Selbstfürsorge: Kommunikation. Kommuniziere, egal wie, egal wann, egal wo, aber kommuniziere, immer und ehrlich!

Kommunikation bedeutet nicht immer sprechen. Kommunikation kann auf Persönlichkeitsebene genauso die eigenen Gedanken darstellen, die wir entweder nur denken oder visualisieren. Kommunikation ist so viel mehr als nur sprechen. Kommunikation ist der Schlüssel zu jedem Erfolg, sowohl auf beruflicher Ebene, auf Beziehungsebene als auch auf Selbstwahrnehmungsebene und der Ebene zur Stärkung deiner (mentalen) Gesundheit.

Du kommunizierst, um dich mitzuteilen. Du kommunizierst, um dich auszudrücken. Du kommunizierst, um dich auszutauschen.

Kommunikation hat verschiedene Hintergründe in unterschiedlichen Situationen. Du kommunizierst, um dich zu präsentieren in einem Bewerbungsgespräch. Du kommunizierst in einer Diskussion, um gehört zu werden und um deine Meinung zu vertreten. Du kommunizierst mit Freunden, um Erfahrungen auszutauschen und Erlebnisse zu teilen und zu erzählen.

Kommunizierst du auch mit dir selbst? Wie, das heißt auf welche Art und Weise, und wie oft kommunizierst du mit dir selbst? Es braucht keine Selbstgespräche, obwohl diese selbstverständlich auch legitim sind, um mit dir selbst in einen Austausch zu gehen und um dir selbst gegenüber etwas zu sagen. Die Kommunikation mit und zu dir selbst spiegelt sich bereits in deinen Gedanken wider. Hast du negative Gedanken in deinem Kopf, wirkt sich das auf deine Ausstrahlung aus und du kommunizierst damit zur Außenwelt. Bist du glücklich und hast positive Gedanken, strahlst du das genauso aus und teilst das deinem Umfeld mit. Bestimmt erinnerst du dich an Sätze wie „Du siehst heute aber genervt oder müde aus" oder „Du strahlst heute aber". Deine Mimik, Gestik und die damit verbundene Ausstrahlung wirken anziehend auf dein Gegenüber und du kommunizierst sozusagen auf der Ausdrucksebene mit deinen Mitmenschen und auch mit deinem Spiegelbild, ohne ein Wort laut zu sagen, ohne zu sprechen.

Du teilst dich demnach mit, ohne es bewusst zu merken. Oft kommen dadurch aber falsche Vermutungen auf, es entstehen falsche Interpretationen, weshalb es umso wichtiger ist, mit deiner Sprache zu kommunizieren. Kommunikation hilft einerseits, um Konflikte und Missverständnisse zu beseitigen, und andererseits, um Ideen, Gedanken und Erfahrungen mitzuteilen. Erfahrungsaustausch ist sowohl für die erfahrungsgebende als auch für die erfahrungsnehmende Seite wichtig und ein hilfreiches und unterstützendes Tool in vielen Lebenssituationen und für viele Prozesse. Erfahrungen auszutauschen bedeutet Kommunikation. Gedankenaustausch bedeutet Kommunikation. Komplimente machen bedeutet Kommunikation. Gefühle zeigen bedeutet Kommunikation.

Du merkst also, wie wichtig es ist, zu kommunizieren, zu sprechen, dich auszudrücken, dir Gehör zu verschaffen, aber auch wie wichtig es ist, durch und mit Kommunikation Dinge richtigzustellen, Missverständnisse zu vermeiden und Gefühle zuzulassen, auszusprechen, Ängste zu überwinden.

Du kannst nicht nicht kommunizieren, daher setze Kommunikation bewusst ein, in jeder Lebenslage, in jeder Situation, sowohl beruflich als auch privat. Kommunikation ist dein wichtigstes Tool, um dich, deine Gefühle und deine Gedanken zum Ausdruck zu bringen, sobald du als Kleinkind sprechen gelernt hast. Du weißt, wie schwierig es im Babyalter ist, Wünsche, Schmerzen o. Ä. zu verstehen, weil Babys diese noch nicht klar und deutlich zum Ausdruck bringen können. Ab dem zweiten, dritten Lebensjahr ist es dem Großteil von uns gegeben, uns sehr wohl durch unsere Sprache verständlich zu machen, deshalb darfst und sollst du diese auch nutzen. Wenn Menschen in unterschiedlichsten Situationen und Lebenslagen zu wenig oder gar nicht kommunizieren, bekommen Beziehungen oft einen Riss oder gehen sogar in die Brüche, die eigene Gefühlswelt leidet und Missverständnisse werden oft zu lange stehen gelassen. Manchmal kommt es tatsächlich auch vor, dass wir mal zu viel sprechen, auch sprechen, bevor wir nachdenken, was meiner Meinung nach aber nicht so schlimm ist, wie gar nicht zu sprechen. Denn hast du zu schnell etwas gesagt, kannst du danach immer noch weiterkommunizieren und dich entschuldigen und um Verzeihung bitten. Mit Sicherheit wird in den meisten Fällen dadurch eine Beziehung aufrechterhalten und eine Situation trotzdem entspannter, als wenn du still bleibst und gar nicht (darüber) kommunizierst.

Viele erwachsene Menschen müssen beziehungsweise sollten Kommunikation tatsächlich wieder erlernen. Sie können zwar sprechen, haben aber Schwierigkeiten, richtig zu kommunizieren und ihre Gedanken, Gefühle und ihre Meinung zum Ausdruck zu bringen. Dafür gibt es heutzutage auch ein großes Angebot an Coaching- und Therapiemöglichkeiten.

Du kannst, darfst und sollst kommunizieren. Immer. Du sollst, darfst und kannst es auch wieder erlernen, dir aneignen und antrainieren. Übe dich in aktiver Kommunikation, denn du kannst nicht nicht kommunizieren.

Gedanken machen und steuern
und Gedanken aus- und ansprechen

Es beginnt und endet alles in deinen Gedanken.

Wir denken, immer. Wir alle denken. Manche mehr, manche weniger. Bewusstseinsschaffung, „bewusst Gedanken machen": Das ist die Grundlage für deine (mentale) Gesundheit und soll in deinem Leben etabliert und für deinen Alltag nachhaltig aufgebaut werden.

Wie lebst du? Wie ernährst du dich? Bist du glücklich? Bist du zufrieden? Strebst du nach Weiterentwicklung? Wo siehst du dich in einem Jahr, wo in drei Jahren? Wie empfindest du deinen Alltag? Wie und was denkst du über dich selbst? Dir Gedanken über dich selbst machen. Dir Gedanken über dein Leben und über deine Zukunft machen. Nicht nur einmal. Nicht nur jetzt in diesem Moment, sondern auch morgen, übermorgen, nächste Woche und immer, wenn Bedarf zur Selbstreflexion gegeben ist. Dieses Buch darf als Nachschlagewerk in allen Lebenssituationen herangezogen und immer dann aufgeschlagen werden, wenn du deine Gedanken, falls sie von deinem Weg abgekommen sind, wieder auf die für dich richtige Bahn lenken möchtest. Dich mit dir selbst und deinen eigenen Gedanken zu beschäftigen, dich mit deinem eigenen Wohlbefinden auseinanderzusetzen und zu befassen, ist die einzige Macht, die du selbst in der Hand hast, über die du selbst bestimmen kannst, wie viel und wie oft du in dich selbst investieren möchtest.

Wie denkst du? Welche Muster lassen sich in deinem Gedankenfluss erkennen? Du hast bereits gelernt: Was du denkst, ziehst du an. Du kannst deine Gedanken steuern und dein Bewusstsein trainieren. Denkst du zuerst in Problemen oder in Lösungen und Erfahrungen? Du hast die Macht, deine eigenen Gedanken zu steuern. Nutze diese Macht aktiv und bewusst. Die Steuerung der eigenen Gedanken ist eines der wichtigsten Tools für deine (mentale) Gesundheit und Mindset-Stärkung. Machst du dir zum Beispiel immer nur Sorgen, gehst von Problemen aus und denkst in Schwierigkeiten, ziehst du schwierige Situationen an. Du kannst in dieser Lebensphase die Schwelle zu deinem mentalen Wohlbefinden nur sehr schwer oder gar nicht erreichen. Wenn du es schaffst, dir eine positive Gedankengrundlage zu bilden, etablierst du dir damit gleichzeitig positive und glückliche Gefühle sowie Reaktionen. Genauso umgekehrt: Denkst du vermehrt negativ und neigst mehr zu pessimistischen Gedankenmustern als zu optimistischen, entwickelst du negative Gefühle und Reaktionen. Die Entwicklung deiner Gedanken- und Gefühlsbasis spiegelt sich auch in deiner Ausstrahlung und deiner Kommunikation zu und mit dir selbst wie auch mit und zur Außenwelt wider. Durch ständig negativ behaftete Gedanken und Gefühle trainierst du zudem die Wahrnehmung zum Unglücklichsein, was sogar zu Energielosigkeit und zum Verlust deiner eigenen Lebenskraft führen kann. Daher denk daran: Was du denkst, ziehst du an.

Unterschätze die Macht deiner Gedanken nicht! Gedanken können in viele Richtungen ausstrahlen und verschiedene Ursprungsquellen haben. Du denkst immer. Unbewusst oder bewusst, aber du denkst. Gedanken sind immer präsent, ob du isst, gehst, zuhörst, sprichst, lernst, arbeitest, einkaufen gehst, Sport machst etc. Genau aus diesem Grund ist die Steuerung der eigenen Gedanken so essenziell, da sie immer und überall vorhanden sind und dich begleiten. Deine Gedanken formen einerseits dein Bewusstsein und beeinflussen andererseits dich selbst in deinem Tun, Sein und Handeln. Wichtig: Deine Gedanken formen und steuern dich, umgekehrt kannst aber auch du deine Gedanken steuern. Nutze diese aktive Gedankensteuerung als Tool für die Bewusstseinsschaffung in deinem Alltag, für deine (mentale) Gesundheit und dein (mentales) Wohlbefinden.

Du formst dir mit deinen Gedanken eine vermeintliche Realität. Du kannst dir mit deinen Gedanken Dinge vorstellen. Durch deine aktive Kraft der Gedankensteuerung kannst du dir Dinge nicht nur im Kopf vorstellen, sondern dir auch deine Vorstellungen visualisieren und manifestieren, das heißt, du nimmst sie aus deinem Kopf heraus und platzierst sie in deiner Realität. Träume in die Realität umsetzen. Träume leben.

Du darfst dir das so vorstellen: Du machst dir Gedanken über eine bestimmte Situation. Du entwickelst für diese Situation Gefühle und überlegst dir Vorgehens- sowie Herangehensweisen. Du spielst Handlungen in deinem Kopf durch und bringst deine Emotionen in Form von Bewertungen zum Ausdruck. Danach erst wird die Situation Realität. Bist du also in der Lage, deine Gedanken zu steuern, an dich und deine Ideen zu glauben, bewegst du dich auf der Ebene der positiven Gedankenmuster und kannst dadurch positive Gefühle und positive Emotionen hervorrufen.

Du kannst es auch als Gesetz der Anziehung bezeichnen oder dir deine Gedanken als Magnete vorstellen. Denn: Was du denkst, ziehst du an. Positiv zu positiv und negativ zu negativ, oder plus zu plus und minus zu minus. Hört sich einfach an. Ist es auch. Mit kontinuierlichem Training und permanentem Üben schaffst du dir diese Gedankenbasis nachhaltig.

Die Kraft der Gedankensteuerung geht einher mit der Kraft der Dankbarkeit. Was du denkst, ziehst du an. Arbeitest du mit deiner Dankbarkeitskraft, steuerst du damit auch deine Gedanken. Durch die Entwicklung deiner Dankbarkeitskraft hast du bereits einen wichtigen Schritt und ein wichtiges Tool an die Hand bekommen, um die Steuerung deiner Gedanken bereits positiv und nachhaltig zu beeinflussen.

Viele Gedanken formen sich auf der Basis von Gefühlen und Erlebnissen schon in der Kindheit. Die bereits angesprochenen Glaubenssätze wie „Du bist nicht genug" formen dich und prägen dich, sofern du das zulässt. Als Kind passiert dieses Zulassen weitestgehend unbewusst, aber leider nachhaltig. Sie setzen sich in deinem Unterbewusstsein ab, nisten sich dort ein und treten immer dann auf, wenn deine Gedanken sich mit diesen Gefühlen und Emotionen sowie Erlebnissen verbinden. Essenziell ist es daher, mit den Tools zur mentalen Gesundheit und Mindset-Stärkung beziehungsweise zum Mindset-Wachstum in der frühen

Kindheit zu beginnen und solchen Glaubenssätzen gar keinen Raum zu geben. Es bedarf der Stärkung und des Empowerments, also der Befähigung bereits im jungen Alter, aber es ist nie zu spät und du kannst und sollst, wann immer du bereit dafür bist, damit beginnen.

Deine Gedanken haben Energie. Du entscheidest, ob du sie in positiver oder negativer Energie aus deinem Kopf in deine Realität herauslässt. Deine Gedanken leiten aber auch deinen inneren Energiefluss und formen damit deine Einstellungen zu bestimmten, immer wieder auftretenden und sich wiederholenden Situationen, Ereignissen, Aufgaben, aber auch gegenüber ähnlichen menschlichen Charakteren.

Du darfst gut und positiv über dich selbst denken. Erlaube dir aktiv und bewusst, gut und positiv über dich selbst zu denken, dich selbst anzunehmen und dich selbst zu lieben. Unser Leben läuft von innen nach außen ab. Bist du mit dir und für dich selbst dankbar und zufrieden, kommunizierst du gut mit dir selbst und denkst positiv über dich selbst, kannst du diese Dankbarkeit, Zufriedenheit und Positivität auch nach außen transportieren. Erst wenn du es schaffst, dich selbst bedingungslos zu lieben, kannst du auch anderen deine ehrliche Liebe geben. Gib alles immer zuerst dir selbst. Du entwickelst dir dadurch auf jeder Ebene deine eigene Grundlage, die es dir ermöglicht, genau diese Werte, Einstellungen und Gedanken nach außen zu bringen und zu kommunizieren.

Kommuniziere deine Gedanken. Sprich deine Gedanken, die mit dir mitgehen, dich negativ beeinflussen und deine (mentale) Gesundheit beeinträchtigen, an: Sprich sie laut aus, notiere sie dir und kommuniziere sie mit einem Gegenüber, egal ob Partner, Freund, Elternteil, Arbeitskollege oder einfach nur mit einem Bekannten. Wandle sie dann in einen positiven oder in einen anderen Gedanken um. Lerne an dieser Stelle auch, nicht nur negative Gedanken anzusprechen. Erinnere dich an deine guten Gedanken, deine schönen und positiven Vorstellungen in deinem Kopf und sprich darüber. Jeder Gedanke darf offen behandelt werden, darf und soll aus- und angesprochen und kommuniziert werden. Gedanken zu kommunizieren bringt unsere Gefühle, neue Ideen und Erfahrungen zum Ausdruck, vermeidet falsche Haltungen, Erwartungen und Missverständnisse.

Fehler zulassen und Fehler anerkennen

Ich habe einen Fehler gemacht. Ich kann das nicht. Ich bin nicht gut genug. Ich muss diesen Fehler verstecken. Ich muss mir schnell etwas einfallen lassen. Meine Freunde, Kollegen, mein Partner dürfen meinen Fehler nicht sehen.

Stopp! Diese negativ behafteten Glaubenssätze begleiten dich meistens ebenso ein Leben lang und haben ihren Ursprung oft bereits in der Kindheit. Bestimmt hast du auch schon einmal versucht, einen begangenen Fehler zu verstecken. In welcher Situation hast du das gemacht und warum? Was waren deine Hintergründe, Ängste und Gedanken, so zu handeln, also für das Verstecken deines Fehlers?

Was ist überhaupt ein Fehler und wer definiert einen Zustand als Fehler? Ich bezeichne Fehler gerne als Abweichungen und Wegabzweigungen.

Fehler machen wir alle, du, ich, jeder. Fehler gehören zum Leben dazu. Ersetze in diesen beiden Sätzen das Wort Fehler durch Abweichung: Abweichungen machen wir alle, du, ich, jeder. Abweichungen gehören zum Leben dazu.

Du bemerkst diesen kleinen Unterschied, indem du nur das Hauptwort austauschst, sodass die Wirkung des Satzes beziehungsweise die Wirkung der Aussage sich von negativ zu positiv verwandelt. Ein Fehler, eine Abweichung sind Zustände. Ein Zustand ist etwas, was bereits passiert ist, das heißt, du kannst diesen Zustand nicht mehr rückgängig machen und somit nicht mehr verändern. Es ist in der Vergangenheit etwas passiert, was zu einer Abweichung geführt hat, und diese Abweichung ist nun der Zustand in der Gegenwart. Dieser Zustand ist da; ob du dich darüber ärgerst, ob du dir Sorgen machst, ob du den Fehler verstecken möchtest oder ob du dich sogar negativ mental beeinflussen lässt. Die einfachste Form, mit Abweichungen umzugehen, ist, sie zu kommunizieren, sie zuzulassen und sie anzusprechen.

Aus Fehlern lernen. Diesen Satz kennst du. Die Aussage ist aber nur zum Teil richtig, denn du kannst nur dann aus deinen Fehlern lernen, wenn du sie annimmst und nicht zulässt, dass der Fehler dir die Richtung vorgibt. Durch fehlende Kommunikation, fehlende Selbstakzeptanz und fehlende Annahme sowie umgekehrt durch Fehlervertuschung, kann ein Fehler dein (mentales) Wohlbefinden und in Folge deine (mentale) Gesundheit sogar nachhaltig und langfristig negativ beeinflussen und ins Ungleichgewicht bringen. Kommuniziere deine Fehler, zu dir selbst, zu deinem Partner, zu deinen Freunden, zu deinen Eltern, ja sogar zu deinen Vorgesetzten. Was soll schon passieren? Die meisten Menschen werden erstaunt und vielleicht sogar sprachlos über deine aktive Fehlerkommunikation und ehrliche Fehlerdarstellung sein.

Diese Kommunikation, dieses Zulassen deiner Fehler ist der positive Umgang mit deinen Abweichungen, und somit die Etablierung und Entwicklung (d)einer Fehlerkultur. Schaffe dir genauso im Umgang mit dir selbst eine Fehlerkultur. Denk daran: Du lebst von innen nach außen. Du setzt deine Fähigkeiten von innen nach außen um. Beginne mit deiner Fehlerakzeptanz und -annahme immer zuerst bei dir selbst, also innen. Etabliere dir diese Kommunikation zuerst für dich selbst, dann fällt es dir automatisch leichter, Fehler bei anderen ehrlich anzusprechen, also sie nach außen zu kommunizieren. Wichtig ist auch: Sprich immer den ganzen Fehler an und nicht nur einen (Bruch)teil davon.

Ein entscheidender Faktor im positiven Umgang mit Fehlern und in der Entwicklung und Etablierung einer positiven Fehlerkultur, egal ob in der Beziehung mit dir selbst oder in Beziehungen nach außen, ist zuerst eine wertschätzende Akzeptanz und eine ehrliche und bewusste Annahme des Fehlers. Lasse ihn in dein Leben hinein, verbuche ihn am Tag X als Abweichung. Du erkennst diesen positiven Umgang schon durch dieses Annehmen und Zulassen des Fehlers. Denn du erinnerst dich, dass die Abweichung bereits passiert, und somit als Zustand in deinem Leben präsent ist. Du aber entscheidest, was mit diesem Zustand in der Gegenwart und Zukunft passiert.

Fehler können schon durch das Wort „Abweichungen" positiver eingestuft werden. Fehler müssen aber ohnehin nicht zwingend etwas Negatives bedeuten oder auslösen. Aus Fehlern lernen. Fehler können durch die Annahme und den richtigen Umgang, also durch das Zulassen und die ehrliche Kommunikation, entweder als Herausforderung oder sogar als Chance eingestuft und verbucht werden. Am Rande erwähnt, ist die Entwicklung einer ehrlichen und wertschätzenden Fehlerkultur vor allem in Unternehmen essenziell, nicht nur für die Verhinderung desselben Fehlers, sondern vor allem auch für den ehrlichen und wertschätzenden Umgang der Mitarbeiter untereinander, der Führungskräfte mit Mitarbeitern und ebenso und nicht weniger wichtig, weil zuletzt genannt, für das (mentale) Wohlbefinden eines jeden Mitarbeiters. Du verbringst bei einem 40-Stunden-Job ein Drittel deines gesamten Tages am Arbeitsplatz, ein Drittel schläfst du und ein Drittel bleibt dir für Freizeit (obwohl da noch die An- und Abreise zum Arbeitsplatz abgezogen werden muss). Dein (mentales) Wohlbefinden wird demnach in hohem Maße von und durch deine Arbeitsumgebung und -gestaltung in deinem Job beeinflusst, aber immer nur so weit, wie du es selbst zulässt, dass es dich beeinflusst und in welche Richtung und wie stark es dich beeinflusst.

Du darfst Fehler nicht als Misserfolg, sondern als Teil deines Weges, also als Wegbegleiter sehen und erkennen. Anerkenne sie und lasse sie zu. Keine Schuldzuweisungen, Ermahnungen oder sogar Bestrafungen dir selbst gegenüber können den Fehler ungeschehen machen. Sie können ihn aber auch nicht beheben. Zur Fehlerbehebung oder Fehlervorbeugung kannst du zum Beispiel reflektieren und dir Gedanken über die Ursache machen, das heißt, warum diese Abweichung passiert ist. Fehlerbewusstsein aufbauen. Verantwortung für dich und deine Gedanken übernehmen. Deine innere Fehlerkultur aufbauen und nachhaltig so etablieren, dass du sie nach außen transportieren kannst.

Abweichungen, also Fehler, sind Erfahrungen, bei denen es um deinen Umgang mit ihnen geht, wenn sie bereits passiert und als Zustand vorhanden sind. (D)eine Fehlerkultur soll so entwickelt werden, dass dein Angstgefühl und deine Emotionen, etwa Unsicherheiten und Selbstzweifel sowie Glaubenssätze, wie „Ich bin nicht gut genug", nicht mehr auftreten. Der Aufbau deiner eigenen Fehlerkultur trägt in hohem Maße zu deiner Bewusstseinsbildung und Mindset-Stärkung bei.

Übungen

Aktive Sprechübung:

Übe dich im Sprechen und danach im Anhören des Gesprochenen, indem du Sprachnachrichten aufnimmst. Als erweiterte und fortgeschrittene Übung und als nächsten Schritt nimm Videos von dir auf; in denen kannst du dich nicht nur bewusst hören, sondern du nimmst auch deine Gestik und Mimik sowie deine Gestikulationen wahr.

Wichtig bei dieser Übung ist Ehrlichkeit dir selbst gegenüber. Du kannst ruhig über dich selbst lachen. Versuche aber ganz genau hinzusehen, dich zu beobachten und kritisch zu sein, aber auch lobend. Stell dir vor, die Person, die du hörst beziehungsweise siehst, ist ein Freund oder Arbeitskollege. Welches ehrliche, konstruktive und wertschätzende Feedback würdest du ihm geben? Kommuniziere auf dieser Ebene auch mit und zu dir selbst.

Höre die Sprachnachrichten und Videos nicht nur einmal an, sondern mindestens dreimal. Bei jedem Mal nimmst du das Gehörte und Gesehene etwas anders wahr.

Beobachte nicht nur Mimik, Gestik und Aussprache, sondern auch Gestikulation, Gefühlsausdruck und Emotionen: Wie hast du dich beim Sprechen gefühlt und wie beim Beobachten?

Versuche im dritten Schritt die Sprachnachricht und das Video noch einmal aufzunehmen und wiederhole sozusagen die Übung.

Kraft-der-Gedanken-Übungen:
1. Übe dich in „Anstatt-Gedanken"

Negative Gedanken und Gefühle

Kann ich nicht.
(Angst, Unsicherheit, Selbstzweifel)

Warum hat sie eine so tolle Figur?
(Unzufriedenheit mit dem eigenen Körper,
dem eigenen Alltag, Lustlosigkeit)

Warum hat sie so einen tollen Job?
(Unzufriedenheit im eigenen Job)

Morgen ist schon wieder Montag.
Das Wochenende geht immer viel zu schnell vorbei.
(Unzufriedenheit im Alltag, fehlende Leidenschaft)

**Mittwochabend: Zwei Tage noch arbeiten,
bis endlich wieder Wochenende ist.**
(Unzufriedenheit im Job, Unzufriedenheit im Alltag,
Unzufriedenheit mit dir selbst, Lustlosigkeit,
Motivationslosigkeit, Unsicherheiten, Selbstzweifel)

**Na toll, morgen
wieder um 5 Uhr früh aufstehen.**
(Fehlende Motivation, Unzufriedenheit,
fehlende Leidenschaft)

Super, Straßenbahn verpasst.
(Unzufriedenheit, Negativität)

Anstatt-Gedanken und -Gefühle

Kann ich noch nicht, möchte ich aber lernen, machen.
(Selbstinvestition, Selbstvertrauen, Mut)

*Ich gehe heute bewusst einkaufen
und mache eine Sporteinheit.*
(Selbstbewusstsein, Motivation, Bewusstseinsbildung)

Ich möchte mich weiterentwickeln und weiterbilden.
(Selbstinvestition, Mut, Motivation)

*Morgen ist Montag. Ich bereite alles für die neue Woche vor und
freue mich auf neue Motivation, Chancen und Energie. Den Montag
sehe ich jede Woche als einen kleinen frischen Neustart an.*
(Leidenschaft, Bewusstsein, mentales Wohlbefinden)

*Ich genieße jeden Tag der Woche und versuche das Beste für mich
rauszuholen und umzusetzen; morgen werde ich laufen gehen
und am Freitag steht noch ein tolles Projekt in der Arbeit an.*
(Zufriedenheit, Dankbarkeit, mentale Stärke, Bewusstsein,
Motivation, Leidenschaft)

*Ich freue mich auf den morgigen Tag, bereite mir heute alles
Notwendige dafür vor und gehe nicht zu spät ins Bett, um mich
gut erholen zu können. Ich bin dankbar, den Tag morgen früh zu
beginnen, die Stille am Morgen und den Tag bewusst zu erleben.*
(Dankbarkeit, Zufriedenheit, Motivation, Leidenschaft,
Bewusstsein, mentales Wohlbefinden, starkes Mindset)

*Eine tolle Möglichkeit, ein paar Schritte zu sammeln
und mir Gedanken für (am Morgen) beziehungsweise
über (am Nachmittag, Abend) den Tag zu machen.*
(Dankbarkeit, Zufriedenheit, Motivation, Positivität)

2. Übung zur bewussten Gedankenwahrnehmung

Wähle einen Tag für dich aus, an dem du nicht zu viele To-dos in deinem Kalender notiert hast, und trage dir einen sogenannten Selbstwahrnehmungstag ein. Richte dein Bewusstsein an diesem Tag aktiv auf deine Gedanken. Was sind deine ersten Gedanken, wenn der Wecker läutet? Was sind deine Gedanken beim Aufstehen, beim Anziehen, beim Zähneputzen, beim Verlassen des Hauses? Was sind deine Gedanken auf dem Weg zur Arbeit, während des Arbeitstages, beim Verlassen der Arbeit, auf dem Weg nach Hause? Was sind deine Gedanken am Abend, vor dem Schlafengehen? Was sind deine Gedanken im Bett kurz vor dem Einschlafen, also deine letzten Gedanken des Tages? Du machst dir mit und durch diese Übung aktiv Gedanken über deine eigenen Gedanken und bemerkst, dass einige Gedanken und daraus resultierende einzelne Situationen negativ behaftet sind und du diese gar nicht haben möchtest. Überlege dir für diese Situationen „Anstatt-Gedanken" und notiere sie, am besten im Notizfeld deines Kalenders ganz hinten oder in einem eigenen Notizheft. Mach dir bewusst, welche Gedanken dir Motivation bringen und welche dir Leidenschaft rauben. Du wirst durch die Anwendung dieses Tools der „Anstatt-Gedanken" bemerken, wie viel mehr Positivität sich in deinem Kopf befindet. Du kannst sie damit bewusst aktivieren.

3. Übung für positive Gedanken über dich selbst:

Ich bin dankbar für meinen Körper. Ich bin einzigartig und möchte diese Individualität leben. Ich erlaube mir, mich selbst zu lieben. Ich liebe mich selbst.

Gedanken-Toolkit für deinen Alltag

▶ Klebe dir positive Affirmationen als Post-its auf den Kühlschrank, auf den Spiegel oder gestalte sie dir auf deinem Smartphone oder Computer. Wichtig ist, dass du sie mehrmals am Tag aktiv sehen kannst und sie dir anfangs mehrmals täglich bewusst vorsagst und damit verinnerlichst.

▶ Öffne jedem Gedanken deine Tür. Visualisiere dir dafür den jeweiligen Gedanken, indem du ihn notierst. Du lässt ihn somit in dein Leben hinein und gibst ihm in deinem Alltag seinen Platz. Danach kannst du aktiv und bestimmt entscheiden, wohin der Gedanke gehen wird.

▶ In schwierigen Situationen und spontan auftretenden Herausforderungen atme immer zuerst tief ein und sammle dich, indem du einen Dankbarkeitsgedanken fasst. Wofür möchtest du und wofür bist du trotz dieser Herausforderung in diesem Moment dankbar?

▶ Setze zu jedem negativ aufkommenden Gedanken und negativ behafteten Glaubenssatz immer einen „Anstatt-Gedanken" und positive Gefühle (wie oben in der Übung beschrieben).

Deine wichtigsten Learnings und was du mitnimmst

Menschen, die sich in ihrem Alltag mental wohlfühlen, das heißt aus ihrer Dankbarkeitskraft schöpfen können, können Chancen nicht nur sehen, sondern aufgreifen und sich selbst und ihr Leben damit bereichern.

Du bist, was du denkst, und was du denkst, ziehst du an. Dein Leben gibt dir Chancen, weil es dir etwas ermöglichen möchte, weil es dir eine Aussicht für etwas bereitstellen möchte. Chance, c -> g, change.

Merke:

Du musst nicht jede Chance als eine Veränderung in dein Leben bringen, du sollst dir aber das Bewusstsein schaffen, die Chancen wahrzunehmen und dann aktiv die Entscheidung dafür oder dagegen zu treffen.

Bewusstseinsschaffung und „Bewusst-Gedanken-Machen": das ist Grundlage für deine (mentale) Gesundheit und soll in deinem Leben nachhaltig etabliert und für deinen Alltag langfristig aufgebaut werden. Es beginnt und endet alles in deinen Gedanken.

Deine Gedanken haben Energie. Du darfst gut und positiv über dich selbst denken.

Gedanken zu kommunizieren bringt unsere Gefühle zum Ausdruck, vermeidet falsche Haltungen, Erwartungen und Missverständnisse und bringt neue Ideen, aber auch Erfahrungen zum Ausdruck.

Ein entscheidender Faktor im positiven Umgang mit Fehlern und in der Entwicklung und Etablierung einer positiven Fehlerkultur: Du kannst nur dann aus deinen Fehlern lernen, wenn du sie annimmst und nicht zulässt, dass der Fehler dir die Richtung vorgibt, sondern umgekehrt.

Ersetze Fehler durch Abweichung. Die Abweichung ist ein Zustand. Sie ist bereits passiert. Dieser Zustand ist somit in deinem Leben vorhanden. Du aber entscheidest, was mit diesem Zustand in deiner Gegenwart und Zukunft passiert.

Du kannst nicht nicht kommunizieren, daher setze Kommunikation bewusst ein, in jeder Lebenslage, in jeder Situation, sowohl beruflich als auch privat.

„Inmitten der Schwierigkeit liegt die Möglichkeit."

Albert Einstein

„Erinnere dich in jedem Augenblick an die Macht deiner Gedanken. Was du beständig und beharrlich denkst, das wirst und verwirklichst du."

Henry David Thoreau

Ich brauche meinen Körper, genauso wie er mich braucht

Bewegung im Alltag einbauen

Bewegung ist Aktivität. Mit Bewegung verbrauchen wir Energie. Bewegung spiegelt sich in unserem Leistungsumsatz wider. Der Leistungsumsatz, also alle Tätigkeiten, die wir in Bewegung verrichten, bildet gemeinsam mit jenem Verbrauch, den wir ohne Aufstehen verbrauchen, unseren Gesamtumsatz und somit unseren Energieverbrauch pro Tag.

Bewegung ist wichtig und fördert deine Gesundheit, sowohl deine körperliche als auch deine mentale Gesundheit, nachhaltig und langfristig, sofern du Bewegungsaktivitäten regelmäßig in deinen Alltag einbindest. Der Mensch ist darauf ausgerichtet, sich zu bewegen. Mit der Digitalisierung, durch sitzende Berufsausübungen und Bürojobs, seit der Corona-Pandemie und nun auch zusätzlich verstärkt durch Homeoffice, sowie durch die vermehrte Einführung des Automobilverkehrs ist alltägliche Bewegung in den Hintergrund gerückt und nicht mehr präsent. Bewegung gehört aber mit der Ernährung und der mentalen

Gesundheit beziehungsweise dem mentalen Wohlbefinden zu den Hauptfaktoren der Förderung und Aufrechterhaltung deiner Gesundheit als Ganzes. Es geht darum, die Balance zu entwickeln und dieses Gleichgewicht nachhaltig aufrechtzuerhalten. Du wirst dich nur dann langfristig (mental) wohlfühlen, wenn du alle Faktoren aktiv und achtsam in deinem Leben wahrnimmst. (Mentale) Gesundheit und (mentales) Wohlbefinden sind mitunter ein Resultat aus deiner Ernährungs- und Bewegungsweise. Vergiss nie, dass es immer um das große Ganze geht und du deine innere Balance nur dann erreichen wirst, wenn du Disziplin, Motivation und Wohlbefinden in Einklang bringst. Sport und Bewegung weisen eine Reihe von forschungsbasierten Vorteilen für den menschlichen Organismus auf, die ich nun nicht näher ausführen werde. Ich bitte dich darum, falls du dich näher damit auseinandersetzen willst, dich selbst zu informieren und aktiv nachzulesen. Ich bringe dir hier in Bezug auf Bewegung und Ernährung die Wichtigkeit und Richtung näher, die entscheidend sind für dein (mentales) Wohlbefinden und die Etablierung deines inneren Gleichgewichts sowie für die Aufrechterhaltung deiner Wohlfühlbasis.

Ich möchte gerne mit dir meine persönlichen Erfahrungen aus meinem Leben, neben Studium, Gastronomie und jetzt Bürojob, teilen und dir anhand meiner Alltagsherausforderungen zeigen, warum ich Bewegung für mich entdeckt habe, welche Schwierigkeiten und Gefahren sie mir auch schon gebracht hat und warum ich nun aus Sporteinheiten und bewusster Alltagsbewegung die meiste Kraft, sowohl körperlich als auch mental, schöpfe. Ja, Bewegung ist wichtig.

Du darfst auch mal faul sein und dich nicht bewegen, aber es geht, wie nun bereits mehrfach angesprochen, um das große Ganze. Nicht jeder Tag ist gleich, nicht gleich hinsichtlich Motivation, nicht gleich hinsicht-lich Stimmung und Gefühlen, und genauso unter-schiedlich sind deine Tage hinsichtlich Bewegung.

Ich war immer schon ein bewegungsfreudiger Mensch. Ich habe als Kind und junges Mädchen 12 Jahre Ballett getanzt, dreimal die Woche für je zwei Stunden intensives Training (im Ballettunterricht habe ich mitunter gelehrt bekommen, was Disziplin bedeutet!), war viel mit meiner Familie spazieren, das war meiner Mama immer sehr wichtig, im Sommer bin ich Fahrrad und im Winter Ski gefahren. Als ich in der Maturaklasse, also knapp vor meinem 18. Lebensjahr, mit dem Ballett aufhörte, wurde ich ein bisschen, nen-nen wir es, träge, um nicht zu sagen faul hinsichtlich Sport und Alltagsbewegung. Ich arbeitete zwar acht Monate Vollzeit im elterlichen Gastronomiebetrieb im Service mit, wodurch ich zumindest im Beruf meine Schritte sammelte. Als ich im September 2009 mit meinem Bachelorstudium an der Fachhochschule be-gann, arbeitete ich an freien Nachmittagen und Tagen sowie vor allem am Wochenende weiterhin im Restau-rant meiner Eltern, in dem ich dann während meines berufsbegleitenden Masterstudiums ab 2012 wieder Vollzeit, aufgrund von großem Personalmangel in der Gastronomie am Land, einstieg. Im Rahmen meines verpflichtenden Berufspraktikums im letzten Semes-ter des Bachelorstudiums bekam ich die Einführung in die „Kieser Training Methode" (eine Art Krafttrai-ning an Geräten nach einer schonenderen Methode).

Dieses Training führte ich danach zwei- bis dreimal pro Woche vier Jahre lang durch und meldete mich im Juni 2016 in einem Fitnessstudio, nur ein paar hundert Meter von unserem Restaurant entfernt, an. Hatte ich zunächst immer Zweifel, ob ich diesen schweren Gewichten und dem Klientel in einem Fitnessstudio gewachsen sei, trainiere ich heute immer noch dort und habe mir dreimal pro Woche Krafttraining zum Aufbau und zur Stärkung für mein körperliches, für mein seelisches sowie geistiges Wohlbefinden als Gewohnheit angeeignet und nachhaltig als Routine in meinen Alltag integriert. An alle Mädchen und Frauen: Training im Fitnessstudio darf nicht nur mit schweren Gewichten assoziiert werden. Zu Beginn ist eine kompetente und umfassende Einschulung der Geräte sowie eine umfangreiche Einführung, eventuell auch das Erstellen eines persönlichen Trainingsplans, nicht nur empfehlenswert, sondern essenziell (by the way ist die fachgerechte Einschulung natürlich auch für Männer wichtig!). Unumgänglich ist auch, dass ihr nur dann trainieren geht, wenn ihr euch fit fühlt, gesund seid und wenn ihr nachhaltig und langfristig Freude daran habt. Vielleicht sind Unsicherheiten da, aber wenn deine Leidenschaft und Motivation groß sind, dann stell sie über deine Angst und vereinbare ein Probetraining. Konzentriere dich dabei auf dich und deine Vorteile, die das Training für dich mitbringen soll, nie aber auf die Blicke der anderen. Darüber hinaus habe ich, aus mir nach wie vor unerklärlichen Gründen, im Juni 2015 den Laufsport für mich entdeckt. Davor bin ich zwei- oder dreimal in meinem Leben laufen gewesen und es war für mich, obwohl Nichtraucherin, kein Übergewicht und körperlich gesund, jedes Mal eine Überwindung. Ich habe mich auch weitestgehend damit abgefunden, dass der Laufsport nicht unbedingt zu mir passt, und habe damals die regelmäßige Liebe zum Radfahren entdeckt. Meine Freundin ist damals sehr viel gelaufen, hat an Halbmarathons teilgenommen und eines Tages haben wir uns wieder einmal darüber ausgetauscht. Worüber, weiß ich gar nicht mehr so genau. Ich kann mich jedoch noch sehr gut an den darauffolgenden Tag erinnern: An jenem Nachmittag, im Juni 2015, wollte ich nämlich unbedingt laufen gehen. Gesagt. Getan.

Und siehe da, es ist mir irgendwie leicht von den Füßen gegangen und hat Glücksgefühle in mir ausgelöst, die ich zuvor nicht gekannt und noch nie erlebt hatte. An diesem Tag habe ich also tatsächlich die Laufliebe für mich entdeckt, die bis heute anhält und sogar stetig gewachsen ist. Im letzten Jahr, 2022, habe ich erstmals an einer Laufveranstaltung, dem „Wings for Life World Run" in Wien, teilgenommen. Ein unbeschreibliches Erlebnis für mich. Egal ob Laufliebe, Liebe zum Fahrradfahren, Liebe zum Schwimmen, du kannst auch für dich eine oder zwei Sportarten finden, die du besonders gerne und vor allem langfristig ausüben möchtest und ausüben wirst. Meine Liebe zum Laufen habe ich erst mit fast 25 Jahren entdeckt beziehungsweise in meinen Alltag etabliert. Was mein Leben in Hinblick auf meine sportlichen Routinen und hinsichtlich Bewegung verändert hat, war die Pensionierung meiner Eltern Ende Sommer 2021, und damit das Schließen unseres Restaurants. Ich begann drei Monate später, im Dezember 2021, in meinem neuen Job als wissenschaftliche Mitarbeiterin zu arbeiten. In einem Büro.

Ich denke, die meisten von euch können sich jetzt vorstellen, dass es anfangs – teilweise manchmal immer noch – eine enorme Umstellung für mich war. Fast den gesamten Tag zu sitzen, die Bewegung während des Arbeitstages beschränkte sich auf die Toilettengänge sowie auf die Gehzeiten zur und von der Straßenbahn. Anfangs natürlich. Ich war eine neue Mitarbeiterin, musste mich erst einarbeiten und im Unternehmen zurechtfinden und orientieren. Mittlerweile komme ich – je nach Arbeitstag und To-dos – zwar bereits auf mehr Schritte während meines Arbeitstages, bin aber dennoch sehr eingeschränkt in meiner Bewegung tagsüber beziehungsweise an meinem Arbeitsplatz. Im Gegensatz zu meiner Servicetätigkeit in der Gastronomie eine ganz schöne Einschränkung und Umstellung. Ich habe gewusst, dass dieser Zeitpunkt im Rahmen des Jobwechsels irgendwann kommen wird, dachte aber nicht, dass es mich so belastet, den ganzen Tag zu sitzen, dass mir die Beine davon am Abend wehtun werden und ich nach einem langen Arbeitstag trotzdem nicht bewegungsfreudig und/oder motiviert für Sport war. Meine Motivation ist dahingehend ziemlich klein geworden. Aber ich wusste natürlich, dass ich das nicht so belassen und gerne etwas an dieser Situation verändern und mich in meiner neuen Lebens- und Arbeitssituation wohlfühlen möchte. Für mich und für meine Stimmung verändern, denn die war zu Hause nicht gerade die beste in meinen ersten Arbeitswochen. Ich nahm eine Art Unzufriedenheit wahr, war körperlich nicht ausgelastet und machte mir – vermutlich auch etwas zu viel – Druck, diesen Ausgleich und meine Balance in Form von Bewegung und Sport wiederzufinden. Nun, zwei Jahre später, kann ich behaupten, dass ich wieder, zumindest im Großen und Ganzen, im Einklang mit mir selbst bin und einen für mich passenden Spagat zwischen Arbeit, Sport, Bewegung und Pausen gefunden habe. Ich unterstreiche „im Großen und Ganzen", da auch bei mir dieser Spagat einmal größer, dann auch wieder kleiner wird und keineswegs eine stille Konstante in meinem Leben ist.

Was ich dir aus meinen Erfahrungen diesbezüglich hier gerne mitgeben möchte, ist, dass du, egal welchen Beruf du ausübst, welche Ausgangslage du mitbringst, welche Veränderungen und Herausforderungen dir im Leben begegnen, es genauso schaffen kannst, diesen Ausgleich für dich in deinem Alltag zu finden. Du kannst alles schaffen, was du möchtest. Und ich bin sicher, du möchtest dich (mental) gesund und wohlfühlen, sonst hättest du dich vermutlich nicht auf diese Reise hier begeben. Egal ob mit einem Training im Fitnessstudio nach der Arbeit, einem oder zwei Läufen pro Woche oder mit Spaziergängen. Schaffe dir dahingehend dein eigenes Bewusstsein und erkenne, was du gerne in deinen Alltag integrieren möchtest und wann und wo dir am besten und ausreichend Zeit dafür zur Verfügung steht. Bewegung macht Spaß und bringt zumindest immer danach, meistens aber schon während der Ausübung Gefühle von Glück, Stolz, Dankbarkeit und Zufriedenheit mit sich. Außerdem schafft Sport es, dich nachhaltig zu motivieren und diese Motivation auch auf andere Lebensbereiche zu übertragen und besonders in deinem Lebensalltag zu spüren.

Du darfst deine eigene Bewegungsform, Sportart, aber vor allem Bewegungsroutine finden. Achte auf deine Bewegung im Alltag. Steige eine, zwei oder drei Haltestellen früher aus oder später ein. Das mache ich

– Ausnahme strömender Regen – jeden Tag, wirklich jeden, egal ob Sommer oder Winter. Du brauchst nicht jeden Meter/Kilometer mit dem Auto zu fahren, nimm stattdessen einmal das Fahrrad oder lege den Weg zu Fuß zurück. Du brauchst nicht den Fahrstuhl zu deinem Büro im ersten oder zweiten Stock zu benutzen, nimm stattdessen die Stiegen, aber nicht nur einmal pro Woche, sondern mindestens einmal pro Tag. Diese Faktoren und kleinen Veränderungen ergeben deine Alltagsbewegung. Und sie ergeben danach und in Summe eine starke körperliche und mentale Gesundheit, stärken dein Mindset und schaffen dir deine eigene Wohlfühlbasis. Es ist am Anfang eine Veränderung für dich, wird irgendwann aber zu einer positiven Veränderung und zu einer nachhaltigen Umstellung, die dich, dein (mentales) Wohlbefinden und deinen Alltag positiv beeinflusst und stärkt. Es lohnt sich, für dich, für deinen Körper, deinen Geist und deine Seele und in weiterer Folge und langfristig außerdem für deine Motivation im Berufs-, Familienalltag, in deinen Beziehungen, in wirklich allen Bereichen!

Ich habe vorher erwähnt, dass meine Bewegungsfreude auch schon Gefahren mit sich gebracht hat. Es ist nicht gut für deine (mentale) Gesundheit und dein (mentales) Wohlbefinden, wenn du dich zu wenig bewegst; umgekehrt ist es auch nicht gut beziehungsweise nicht gesundheitsförderlich, wenn du dich zu viel bewegst, zu viel intensive Sporteinheiten absolvierst und zu wenige oder gar keine aktiven Pausen machst. Zu wenig, zu viel, zu groß, zu klein, zu dick, zu dünn, zu überfordert, zu unterfordert – … es geht darum, ein für dich geeignetes Mittelmaß zu finden, diese Balance langfristig zu etablieren und nachhaltig und aktiv aufrechtzuerhalten. Du erinnerst dich, dass du nicht nur in Schwarz-Weiß denkst, sondern dich in den Raum dazwischen begibst und dort deinen Platz und die jeweils richtige beziehungsweise geeignete Richtung für dich in deinem Alltag findest.

Durch körperliche Bewegung und mit körperlichen Aktivitäten erkundest du die Welt und kannst sie am besten kennenlernen. Wir lernen ungefähr ab dem ersten Lebensjahr zu gehen. Denk einmal daran, wie vergnügt und freudig Kleinkinder die Welt mit ihren ersten Schritten entdecken. Lerne auch du wieder die Welt um dich herum besser kennen, sie zu entdecken und aktiver zu betrachten.

Ernährungsbewusstsein schaffen

Ernährung ist, rein begrifflich betrachtet, die Zuführung von Nahrung. Du musst Nahrung aufnehmen, also dich ernähren, um zu überleben.

Ich werde dir keine bestimmte Ernährungsform präsentieren oder vorschlagen, sondern möchte dein Bewusstsein und deine Gedanken aufbauen und lenken, daher habe ich dir eingangs folgende Fragen mitgebracht, die du dir selbst erstmal beantworten darfst:

Wie ernährst du dich? Wann isst du und wann isst du was? Fühlst du dich wohl mit deiner Ernährungsweise? Wann fühlst du dich wohl und wann nicht (zum Beispiel nach welchem Essen)? Wie beschreibst du dein Ernährungsverhalten? Wie beschreibst du dein

Ernährungsbewusstsein? Bist du dir deiner Ernährung überhaupt bewusst, das heißt, hast du dir schon einmal Gedanken dazu gemacht? Beschäftigst du dich aktiv mit (deiner) Ernährung? Wenn ja, wie und aus welchen Gründen? Und warum isst du?

Warum isst du? Isst du, weil du deinem Körper wichtige Nährstoffe zuführen und ihm dadurch Energie geben möchtest, damit er die täglichen Herausforderungen für dich meistert, oder isst du nur, um zu überleben?

Das Thema Ernährung ist sehr komplex, vielfältig und breit gestreut. Einerseits gibt es unterschiedliche Ernährungsformen und -weisen, andererseits muss bei diesem Thema vor allem der persönliche Aspekt betrachtet werden. Dein Ernährungsverständnis wird in der Kindheit aufgebaut und etabliert. Deine Eltern, wahrscheinlich auch deine Großeltern, haben dich ernährt und dir dadurch ihren Umgang mit Ernährung und Nahrungsmitteln vermittelt. Wenn du dich an deine Kindheit zurückerinnerst, wirst du erkennen, dass du dich entweder ähnlich ernährst, wie deine Familie es dir beigebracht hat, oder dass du diese Ernährungsweise für dich selbst irgendwann verändert hast. Wir sind, was wir essen.

Grundsätzlich kann gesagt werden, dass du mit der Aufnahme von Nahrung deinen Körper stärken oder schwächen und somit für bestimmte Aktivitäten und Tätigkeiten befähigen kannst oder nicht. Isst du zu wenig (also nimmst du über einen längeren Zeitraum zu wenige Kalorien auf und führst dem Körper somit zu wenig Energie zu), wirst du deinen Körper lang-fristig schwächen und erschöpfen. Isst du zu viel (also führst dem Körper mehr Kalorien pro Tag zu, als er verbrauchen kann – durch Alltagsbewegung und Sport verbrauchst du zusätzliche Kalorien pro Tag und somit mehr Energie), wirst du langfristig an Körpergewicht zulegen und deinen Körper für bestimmte Aktivitäten und Tätigkeiten, wie unter anderem Bewegung und Sport, nicht mehr befähigen können; du kannst ihn da-bei genauso erschöpfen und durch zu viel Nahrungs-aufnahme, vor allem durch zu viel Zucker, auslaugen und schwächen. Du bist, was du isst.

Du stärkst oder schwächst durch und mit deiner Ernährung langfristig aber nicht nur deinen Körper, sondern vor allem deinen Geist und deine Seele nach-haltig. Deine Gesundheit ist als Ganzes im größten Ausmaß von deiner Bewegungs- und Ernährungswei-se gemeinsam abhängig. Du musst nicht nur deinen Körper ernähren, sondern auch deine Seele und dei-nen Geist, wenn du nachhaltige (mentale) Gesundheit etablieren und aufrechterhalten willst. Stell dir ein Dreieck vor, bei dem an den drei Ecken dein Körper, dein Geist und deine Seele stehen und du als Ganzes in der Mitte, du bildest somit den Mittelpunkt. Alle drei Ecken beeinflussen dich, du empfängst von allen drei Komponenten. Zusätzlich und darüber hinaus schaffst du für alle drei Ecken Rahmenbedingungen und sen-dest an alle drei Komponenten aus. Das Dreieck und du sollen eine Beziehung zueinander aufbauen. Ihr sollt miteinander arbeiten und miteinander leben, wo-durch jeder von jedem nehmen kann und umgekehrt jeder jedem etwas gibt beziehungsweise geben muss.

Du laugst deinen Körper, deine Seele und deinen Geist langfristig aus, indem du immer nur nimmst und sie dadurch irgendwann erschöpfst. Du musst ihnen immer wieder auch etwas zuführen, sie sozusagen mit Nährstoffen versorgen, sie ernähren und nähren, damit sie weiter für dich als Ganzes arbeiten können. Betrachte es als sogenannte Wechselwirkung.

Du hast eine Grundverantwortung für deinen Körper und für dich selbst. Bewusstsein zu schaffen und bewusst und achtsam mit dir umzugehen und zu leben, schließt die Bewusstseinsbildung auf allen Ebenen ein. Durch die Entwicklung und die nachhaltige Etablierung deines Bewusstseins formst und stärkst du deine Verantwortung gegenüber dir und deinem Leben und erhöhst deine Bereitschaft, dich mit dir und deinem Lebensalltag bewusst und aktiv auseinanderzusetzen. Ernährungsbewusst zu sein und dir ein Ernährungsbewusstsein zu schaffen, bedeutet somit die Verantwortungshaltung und die Bereitschaft, dich mit deiner Ernährungsweise und Nahrungsaufnahme aktiv und bewusst zu beschäftigen.

Vieles beziehungsweise fast alles, was Bewusstseinsbildung betrifft, darf und soll schon in jungen Jahren etabliert werden. Kinder sind sehr viel aufgeschlossener und nehmen viel mehr an und auf als Erwachsene. Außerdem hat die Auseinandersetzung in jungen Jahren den großen Vorteil, dass du dir nur etwas antrainieren, nichts aber abtrainieren brauchst.

Ich möchte hier, obwohl ich keine bestimmte Ernährungsform und kein bestimmtes Lebensmittel in den Mittelpunkt gestellt habe, erwähnen und unterstreichen, dass es nicht die eine gute und auch nicht die eine schlechte Ernährung beziehungsweise Ernährungsform gibt. Meiner Meinung nach sollten Lebensmittel nicht in gut oder schlecht oder sogar „böse" eingeteilt werden. Auch Zucker ist nicht böse, sondern lediglich die Auswirkungen von übermäßigem Zuckerkonsum. Dein Körper zum Beispiel braucht Zucker genauso wie Salz, Fett usw. Es geht für die Entwicklung deiner eigenen Balance und deren langfristige Aufrechterhaltung sowie für die nachhaltige Stärkung deines (mentalen) Wohlbefindens und der aktiven Ausrichtung deiner Alltagstätigkeiten und zusätzlichen sportlichen Aktivitäten vor allem darum, dir dieses Bewusstsein zu schaffen, es zu festigen und schlussendlich in deinen Alltag einfließen zu lassen. Achte auf Vielseitigkeit und unverarbeitete Lebensmittel. Kaufe viele frische Produkte und bereite sie dir selbst zu. Der Zeit- und/oder finanzielle Faktor ist hierfür keine Ausrede, da du sowohl Zeit als auch Geld in dich selbst und für dich selbst investierst. Für deine Nachhaltigkeit. Für die Nachhaltigkeit deiner (mentalen) Gesundheit. Es gibt keine guten oder schlechten Lebensmittel oder Gerichte. Führe deine Vorlieben mit deiner Disziplin zusammen und du wirst merken, was dir in diesem beschriebenen Dreieck guttut und was eher nicht. Mein Tipp: Probiere vieles aus und sei geduldig. Nimm deine Bedürfnisse aktiv wahr. Vermeide ein Zuviel und ein Zuwenig und bewege dich auf dieser Strecke zwischen Schwarz und Weiß. Du wirst merken, was du durch und mit deiner Ernährung nicht nur körperlich, sondern vor allem auch mental erreichen kannst und wirst.

Du bist, was du isst. Erlaube dir alles und verbiete dir und deinem Dreieck nichts. Nimm deine Bedürfnisse wahr und mache es nicht zu kompliziert. Isst du, weil du dir und deinem Körper wichtige Nährstoffe zuführen und dir und ihm dadurch Energie geben möchtest, damit er die täglichen Herausforderungen für dich meistert, oder isst du nur, um zu überleben? Du entscheidest, was, wann und warum du isst. Du trägst aber auch die Verantwortung für deine Handlungen und musst somit entweder mit positiven oder negativen Resultaten und Konsequenzen leben. Deine (mentale) Gesundheit und dein (mentales) Wohlbefinden sind kein Zufall. Mach dich nicht selbst krank, sondern erhalte dich selbst (mental) gesund.

Körper wahrnehmen und Körper schätzen

Dein Körper trägt dich durch alle Lebenssituationen und Lebensphasen, egal, wie schwierig sie dir erscheinen und wie herausfordernd sie für dich sind. Dein Körper lässt dich Sport machen, dich fortpflanzen und arbeitet Tag für Tag, Woche für Woche. Er arbeitet für dich bis zu einem gewissen Grad, benötigt dann aber irgendwann deine Hilfe und Unterstützung, um weiterhin für und nicht irgendwann gegen dich arbeiten zu müssen. Dein Körper muss ernährt und gefüttert werden, damit er genug Energie hat, deinen täglichen Ansprüchen an ihn gerecht zu werden.

Um es korrekt zu formulieren und genau zu betrachten, ist dein Körper an sich nur die Gestalt von dir als Lebewesen. Du selbst machst deinen Körper, deine

Gestalt, und somit dich selbst lebendig. Körperwahrnehmung bedeutet auch Selbstwahrnehmung, also dich selbst wahrnehmen und dich selbst als Individuum, als Persönlichkeit schätzen lernen. Der Körper kann nicht nur durch körperliche Betätigungen und Aktivitäten wahrgenommen werden, sondern auch durch die Beobachtung und das Empfinden und Spüren deiner Gefühle, Emotionen, also deiner Psyche. Den eigenen Körper wahrzunehmen bedeutet, ihn anzunehmen, und umfasst somit das Bewegungs- und Ernährungsbewusstsein. Durch die bewusste Ausrichtung deiner Gedanken auf die Stärkung deiner (mentalen) Gesundheit und deines (mentalen) Wohlbefindens schließt du deinen Körper als Ganzes mit ein. Stelle dir wieder dieses Dreieck vor, in dem du in der Mitte stehst und Körper, Geist und Seele um dich herum. Wie fühlst du dich jetzt gerade in diesem Moment, wenn du dich in dieser Mitte betrachtest und diese drei Komponenten von den drei Ecken her auf dich einwirken und dich positiv beeinflussen, dich sozusagen nähren und stärken und dich auf eine mentale Wohlfühlebene bringen, auf der du dich selbstsicher bewegst. Du bist der Mittelpunkt in deinem Dreieck, in deinem Leben. Du bist, was du denkst, also versuche gut über deinen Körper zu denken, ihn anzunehmen und für ihn da zu sein, denn er ist es auch für dich.

Körperwahrnehmung ist zudem die Basis für die Entwicklung und den Aufbau deines positiven Selbstwertgefühls und somit deines Selbstbewusstseins. Hast du eine positive Wahrnehmung von dir selbst und deinem Körper, nimmst du dich selbst und deinen Körper wahr und an. Du denkst positiv über dich selbst und deinen Körper, und es gelingt dir viel leichter und ohne großes Zutun, dir ein starkes Selbstbewusstsein aufzubauen und nachhaltig zu etablieren. Du lebst von innen nach außen. Du arbeitest von innen nach außen. Du baust dir selbst dein eigenes Körperbewusstsein und damit einhergehend beziehungsweise oft daraus resultierend dein eigenes Selbstbewusstsein auf. Du trittst nach außen hin selbstsicher und selbstbestimmt auf. Du formst dir selbst ein positives Selbstwertgefühl.

Durch äußere Einflussfaktoren wie soziale Medien, Gesellschaft, Familie, Freundeskreis, psychische Herausforderungen usw. ist dein Körpergefühl, deine Körperwahrnehmung und damit verbunden auch dein Selbstbewusstsein bestimmt schon mal von deinem Weg abgekommen. Ziel ist es, dein Bewusstsein so zu stärken und dich selbst in deinem eigenen Dreieck in den Mittelpunkt zu stellen und dich an diesem Ort so stark aufzustellen, dass äußere Faktoren keinen oder zumindest nur einen geringen Einfluss auf dich nehmen können. Dein Dreieck besteht aus deinem Körper, deinem Geist und deiner Seele mit dir im Mittelpunkt, in dem du dich nun fest verankert hast. Ist dieser Zusammenhalt stark und die Verbindung fest, wird es keiner von außen schaffen durchzudringen. Dein Körper, dein Geist und deine Seele werden, schon lange bevor sie zu dir eindringen möchten, diese negativen Faktoren abwehren und zerschlagen. Du stehst selbstbewusst in der Mitte. Selbstbewusst zu sein und zu handeln bedeutet nicht, überheblich zu sein und von oben herabzublicken. Selbstbewusst kannst du in die beiden Wörter selbst und bewusst zerlegen: Du bist dir deiner selbst bewusst, gehst bewusst und achtsam mit dir selbst und deinem Körper, deinem Geist und deiner Seele um.

Wie siehst du deinen Körper und wie siehst du dich in deinem Körper? Was magst du an deinem Körper, was findest du besonders toll? Was magst du nicht so gerne? Wie nimmst du dich in deinem Körper wahr und wie nimmst du deinen Körper für dich wahr? Kannst du deinen Körper richtig wahrnehmen?

Dein Körper. Was bedeutet er für dich?

Du wirst in deinem Körper geboren, lernst essen, gehen und sprechen mit ihm. Als Kind legst du dich hin, wenn du krank oder müde bist, ruhst dich aus und stehst voller Energie wieder auf. Außerdem ernähren sich Kinder von Grund auf (noch) bewusst. Kinder wissen, wann sie Energie in Form von Nahrung brauchen, und sie wissen vor allem auch, wie viel sie brauchen. Im Laufe des Lebens beziehungsweise des Erwachsenwerdens, das heutzutage in der frühen Jugend – mitunter beeinflusst durch das vielfältige Medienangebot – beginnt, verlernen wir diese intuitiven Handlungen meistens. Gestresst durch Schule, Job, Alltag, Haushalt, Familie, Kinder, Freunde etc., vergisst auch du bestimmt oft, dir rechtzeitig Energie zuzuführen. Der Körper sendet Warnsignale, du ignorierst diese anfangs, so gut es geht, dein Körper greift auf seine Energiereserven zurück, sofern vorhanden, schleppt dich noch ein Stück weiter, sendet wieder Warnsignale, welche du vermutlich weiterhin nicht wahrnimmst, und irgendwann, wenn alle Energiereserven deines Körpers aufgebraucht sind, ist er erschöpft, ausgelaugt und unfähig, sich aktiv an deinem Leben zu beteiligen, schaltet sich selbst und gleichzeitig und zusätzlich deine Seele und deinen Geist aus, und du bist ausgebrannt, schwach und nicht mehr in der Lage, deinen banalen täglichen Aktivitäten nachzukommen. Diese Erschöpfung deines Körpers äußert sich auf unterschiedlichste Art und Weise. Manche Menschen, besonders junge Frauen, erfahren am eigenen Körper dadurch eine Essstörung und den damit verbundenen langen Leidensweg und Kampf zurück ins Leben, andere Menschen beginnen an Depressionen zu leiden usw. Es liegt in deiner eigenen Macht und an dir selbst, solche extremen Situationen, solche psychischen Erkrankungen für dich selbst und in deinem Leben zu vermeiden, eventuell zumindest nicht noch einmal zu erfahren. Übernimm die Verantwortung für dich in deinem Körper, beginne ihn zu schätzen, achtsam mit ihm und euren gemeinsamen Bedürfnissen umzugehen, und lerne ihm zuzuhören, das heißt ihn und seine Signale, die er aussendet, wahrzunehmen.

Es ist ein Prozess. Lerne, geduldig mit dir und deinem Körper zu werden und nachhaltig zu sein. Eine positive Körperwahrnehmung passiert nicht von heute auf morgen, aber wenn du dich jeden Tag mit dir selbst beschäftigst, in dich selbst und deine Gedanken investierst, baust du dir ein Bewusstsein auf allen Ebenen auf und stärkst vor allem deine Selbstwahrnehmung als Ganzes und somit dein Selbstbewusstsein. Falls du schon mal versucht hast, dich zu vergleichen, hör wieder auf damit. Du weißt, dass es nicht funktioniert, also verschwende weder deine Energie noch deine Zeit mit Vergleichen. Investiere deine Ressourcen stattdessen in den Aufbau deiner Persönlichkeit und in die Stärkung deines Bewusstseins.

Die bewusste und aktive Wahrnehmung sowie die Wertschätzung deines Körpers gehen einher und resultieren mitunter aus deiner Dankbarkeit und deiner Dankbarkeitskraft. Erinnere dich: Du ziehst mit deiner Dankbarkeitskraft das Gute für dich und dein Leben an und du kannst die Dinge besser in Relation sehen. Versuche also dankbar für dich und deinen Körper zu sein, für alles, was er für dich in deinem Leben schon geleistet hat und wohin er dich gebracht hat, obwohl du wahrscheinlich nicht immer achtsam mit ihm und seinen Bedürfnissen umgegangen bist. Je mehr du aber dankbar bist für das, was bereits in deinem Leben ist, auch für das, was schon in deinem Leben war, desto mehr wirst du bekommen, wofür du dankbar sein kannst. Das heißt, du ziehst Dinge an, denen du Aufmerksamkeit schenkst, und du kannst deinen Körper annehmen, weil du ihm Achtsamkeit und Aufmerksamkeit gibst.

Ich habe in den letzten Jahren gelernt, meinen Körper bewusst wahrzunehmen, ihn zu lieben und ihn vor allem zu schätzen. Wir alle haben für uns negative, nicht so gute Tage, an denen es schlechter gelingen wird. Besonders wir Frauen neigen dazu, an manchen Tagen kein passendes Outfit zu finden, da wir der Meinung sind, dass uns unser Spiegelbild heute nicht gefällt. Diese Tage gibt es, wird es immer geben. Wir werden trotzdem irgendetwas zum Anziehen finden, das Haus verlassen und uns im besten Falle unsere guten Gedanken ins Gedächtnis zu rufen versuchen, um zumindest an diesen Tagen ein bisschen an Schadensbegrenzung für uns selbst und unseren Kopf, vor allem auch für unseren Körper zu betreiben. Wenn mein Partner und meine Eltern diese Zeilen lesen werden, werden sie nicht nur schmunzeln, sondern vermutlich herzhaft lachen, da sie diese Tage mit mir nicht erst einmal erleben mussten. Du bist also nicht alleine. Ich kann dir aber versichern, dass dich solche Situationen und Tage durch deine Bewusstseinsbildung und Dankbarkeitskraft und die Schaffung und Etablierung deines starken Mindsets irgendwann nur mehr kurzfristig „belasten" werden.

Körperwahrnehmung bedeutet Mindset-Wachstum. Der Aufbau eines Bewegungs- und Ernährungsbewusstseins sowie die Entwicklung deiner Dankbarkeitskraft und deiner inneren Zufriedenheit schaffen dir eine Grundlage und bilden die Basis für deine bewusste Körperwahrnehmung, für die Achtsamkeit und Annahme deines Körpers in deinem Leben und dafür, ihn aktiv schätzen zu lernen. Durch die Stärkung deiner Verbindungen und Beziehungen in deinem Dreieck und die selbstbewusste Ausstrahlung deiner Persönlichkeit von der Mitte aus gelingt es dir, aktiv zu leben und nicht nur zu überleben, es gelingt dir, ein Körperbewusstsein zu entwickeln und nachhaltig zu etablieren. Du kannst (wieder) lernen, deinen Körper aktiv zu spüren und deine Körpergefühle als angenehm und vertraut zu empfinden. Dein positives Körperempfinden und dein bewusstes Körpergefühl sind Basis für Seele und Geist und umgekehrt. Es umfasst die Wechselwirkung in deinem Dreieck. Du bist, was du denkst. Du bist, was und wie du über dich selbst denkst.

Übungen

▶ Übungen für die Entwicklung deines nachhaltigen und langfristigen Ernährungsbewusstseins:

● Schreibe dir aktiv und bewusst Einkaufslisten. Nimm dir dafür ein Blatt Papier, das groß genug ist und genügend Platz hat, um leserlich darauf ausformulieren zu können. Schreibe ALLE Dinge auf, die du einkaufen möchtest. Gerne kannst du kategorisieren: Was brauchst du unbedingt, was kaufst du eventuell und was nur vielleicht. Zusätzlich kannst du auch priorisieren: Welche Produkte sollen als Erstes im Einkaufskorb landen und welche nur eventuell. Wenn du das Verlangen hast, Süßigkeiten zu kaufen, schreibe es aktiv auf deine Liste, zum Beispiel: Schokolade oder Chips. Auf diese Art und Weise kannst du dir bereits im Vorfeld bewusst vornehmen, an diesem Tag Süßwaren aktiv einzukaufen, und musst nicht erst im Supermarkt hundert Mal hin und her überlegen. Steht es auf der Einkaufsliste, kaufst du es, steht es nicht oben, kaufst du es erst beim nächsten oder übernächsten Mal, wenn du es notiert hast. Du wirst diesen bewussten Einkauf irgendwann verinnerlichen und die Listen eventuell gar nicht mehr benötigen. Ziel dabei ist es, dass du dir Gedanken dazu machst, was du einkaufen möchtest, was du konsumieren möchtest und wie viel davon. Darüber hinaus ist es wichtig, dir nichts zu verbieten. Hast du das Verlangen nach Schokolade, schreibe sie bewusst auf, kaufe sie aktiv und genieße sie aktiv und bewusst.

- Betreibe Mealprep, das bedeutet, dass du dir dein Essen für den nächsten Tag überlegst und zubereitest. Du kannst dir entweder etwas vorkochen, wenn du die Möglichkeit hast, es an deinem Arbeitsplatz aufzuwärmen, oder du bereitest dir eine „gesunde Jause" vor. Achte dabei vor allem darauf, dass du Gerichte und Zutaten auswählst, die dir auch schmecken. Ich zum Beispiel bereite mir mein Müsli am Vorabend zu und für das Mittagessen entweder ein vorgekochtes Gericht, das sich gut aufwärmen lässt, wie zum Beispiel Pasta- oder Reisgerichte, Gnocchi oder einen Kornspitz/eine Semmel mit Aufstrich oder auch mal Wurst mit Käse und Gurkerl und dazu immer einen kleinen Schokoladensnack und einen Haferriegel. Du kannst dir aber auch gerne Paprika, Gurken, Tomaten zum Snacken mitnehmen. Die wichtigsten Punkte vor und bei der Zubereitung: Es soll dir schmecken, dir und deinem Körper sowie deinem Geist und deiner Seele guttun (Energiebringer statt Energieräuber) und dich satt machen.

▶ Übungen für die Entwicklung deiner Alltagsbewegung: Ändere deine Anfahrt zur Arbeit, wenn es dir möglich ist. Lege den Weg entweder mit dem Fahrrad oder zu Fuß zurück oder zum Teil zu Fuß, indem du ein bis zwei Haltestellen früher aus- oder später einsteigst.

Nimm die Stiegen statt dem Fahrstuhls.

Erledige kleine Einkäufe zu Fuß oder mit dem Fahrrad.

Plane ein bis zwei aktive Sporttage und einen bewussten Tag für einen Spaziergang pro Woche ein.

Plane aktiv und bewusst deine Pausentage pro Woche ein.

Führe eine Art Tagebuch und vergib dir Punkte oder klebe Motivationssticker hinein. Das kann zum Beispiel so aussehen:

Montag	Sport	Einkauf mit dem Fahrrad Eine Haltestelle später eingestiegen
Dienstag	Pause	Mit dem Fahrrad zur Arbeit
Mittwoch	Spazieren gehen	Eine Haltestelle früher ausgestiegen
Donnerstag	Pause	Einkauf zu Fuß Zwei Haltestellen früher ausgestiegen
Freitag	Sport	Homeoffice In der Mittagspause zu Fuß einkaufen
Samstag	Pause	Wochenendeinkauf mit dem Auto
Sonntag	Spazieren gehen	

Kreise alle Dinge, die du gemacht hast, ein oder klebe Sticker/Smileys an Tagen im Kalender, an denen du aktive Alltagsbewegung eingebaut hast.

Am Ende der Woche zähle die Kreise oder Sticker/Smileys zusammen und belohne dich für deine aktive Woche. Belohnung schafft neue Anreize und für dein Gehirn eine positive Erfahrung, es zu wiederholen.

Außerdem erinnere dich an deine Gefühle und Emotionen vor, während und nach der sportlichen Aktivität, der Bewegungstätigkeit und der aktiv gesetzten Pause.

Deine wichtigsten Learnings und was du mitnimmst

Bewegung ist wichtig und fördert deine körperliche und mentale Gesundheit nachhaltig und langfristig. Es geht um die Entwicklung deiner eigenen Balance und um die nachhaltige Aufrechterhaltung dieses Gleichgewichts.

Du bist, was du isst. Du stärkst oder schwächst durch deine Ernährung langfristig aber nicht nur deinen Körper, sondern vor allem deinen Geist und deine Seele. Deine Gesundheit ist als Ganzes maßgeblich sowohl von deiner Bewegungs- als auch deiner Ernährungsweise abhängig. Du musst nicht nur deinen Körper ernähren, sondern um nachhaltige Gesundheit zu etablieren und aufrechtzuerhalten auch deine Seele und deinen Geist.

Durch die Entwicklung und die nachhaltige Etablierung deines Bewusstseins formst und stärkst du deine Verantwortung gegenüber dir und deinem Leben und erhöhst deine Bereitschaft, dich mit dir und deinem Lebensalltag bewusst und aktiv auseinanderzusetzen. Du trägst die Verantwortung für deine Handlungen und musst somit entweder mit den positiven oder den negativen Resultaten und Konsequenzen leben.

Körperwahrnehmung bedeutet Selbstwahrnehmung, also dich selbst wahrzunehmen und dich selbst als Individuum, als Persönlichkeit schätzen zu lernen. Wenn du dich jeden Tag mit dir selbst beschäftigst, in dich selbst und deine Gedanken investierst, baust du dir ein Bewusstsein auf allen Ebenen auf und stärkst vor allem deine Selbstwahrnehmung als Ganzes und somit dein positives Selbstwertgefühl.

Körperwahrnehmung bedeutet Mindset-Wachstum. Der Aufbau eines Bewegungs- und Ernährungsbewusstseins sowie die Entwicklung deiner Dankbarkeitskraft und deiner inneren Zufriedenheit schaffen dir eine Grundlage und bilden die Basis für deine bewusste Körperwahrnehmung.

Merke:

(Mentale) Gesundheit und (mentales) Wohlbefinden sind auch ein Resultat aus deiner Ernährungs- und Bewegungsweise. Du wirst dich nur dann langfristig (mental) wohlfühlen, wenn du alle Faktoren aktiv und achtsam in deinem Leben wahrnimmst. Du kannst deinen Körper, deine Seele und deinen Geist nicht auslaugen, indem du immer nur nimmst und sie dadurch irgendwann erschöpfst. Du musst ihnen immer wieder auch etwas zuführen. Du bist, was du denkst. Du bist, was und wie du über dich selbst denkst. Versuche also, gut über dich selbst und über deinen Körper zu denken, ihn anzunehmen und für ihn da zu sein, denn er ist es auch für dich. Mach dich nicht selbst krank, sondern erhalte dich selbst (mental) gesund.

„Bewegung ist der König. Ernährung ist die Königin. Nimm sie zusammen, und du hast ein Königreich."

Jack LaLanne

„Kümmere dich um deinen Körper. Es ist der einzige Ort, den du zum Leben hast."

John Rohn

„Wenn man auf seinen Körper achtet, geht's auch dem Kopf besser."

Jill Sander

Übung macht mich zum Meister

Gewohnheiten und Routinen schaffen und etablieren, Gewohnheiten und Routinen leben

Routinen und Gewohnheiten prägen dein Verhalten und somit dich selbst. Gewohnheiten entstammen oft deiner Erziehung, entstehen oft in und durch Beziehungen, während Routinen von dir selbst entwickelt werden. Routinen können auch als Rituale bezeichnet werden, die meistens in einem bestimmten Zeitrahmen ablaufen. Gewohnheiten hingegen können in gut und schlecht angeeignete Gewohnheiten unterteilt werden. Dir fällt da bestimmt etwas von dir aus deinem Alltag ein. Das Gute daran ist, du kannst Gewohnheiten auch wieder ablegen und vor allem neue hilfreiche Routinen entwickeln. Routinen und Rituale können dir in deinem Alltag Sicherheit geben. Sie sollen daher zu dir und deiner Lebensweise passen und unterstützend für dich in deinem Alltag sein.

Deine Gewohnheiten kannst du auch als passive Wiederholungshandlungen betrachten. Fragen wie „Was werde ich morgen frühstücken?" oder „Wie komme ich zur Arbeit?" stellst du dir nicht jeden Tag aktiv.

Sie laufen unbewusst in deinem Gehirn ab, weil sie als Gewohnheiten abgespeichert sind. Routinen spielen sich im Gegensatz dazu meistens am gleichen Ort und oft zu einer ähnlichen oder zur selben Zeit ab. Zum Beispiel kannst du dir eine Morgen- und Abendroutine entwickeln. Routinen können dir deinen Tag gut strukturieren und dadurch deine zeitlichen Ressourcen effektiv gestalten. Diese Abläufe geben dir Sicherheit, weil du genau kennst und weißt, dass sie dir und deinem Tagesablauf sowie deinem Zeitmanagement guttun und deine Laune verbessern. Gewohnte Abläufe sind grundsätzlich positiv ausgerichtet und unterstützen dich.

Du entwickelst Routinen und Gewohnheiten meistens dann, wenn du mehrmals eine gleiche positive Erfahrung in bestimmten Situationen gemacht hast. Diese Erfahrung schenkt dir Vertrauen und gibt dir Halt, Schutz und Sicherheit. Wenn du zum Beispiel darüber nachdenkst, wie du deine Alltagsbewegung regelmäßig verbessern und womit du sie steigern kannst, beginnst du irgendwann damit, kleine Einkäufe zu Fuß oder mit dem Fahrrad zu tätigen oder eine Haltestelle früher auszusteigen und den restlichen Weg zu Fuß zu gehen. Du bemerkst danach, dass dir diese Schritte körperlich gutgetan haben. Wiederholst du diese Aktivität öfter und regelmäßig, wirst du merken, dass nicht nur dein körperliches, sondern auch dein mentales Wohlbefinden steigt. Du machst dadurch für dich und deinen Alltag positiv empfundene Erfahrungen und entwickelst daraus eine Gewohnheit. Hast du vielleicht anfangs darüber nachgedacht, das Fahrrad statt dem Auto für den Einkauf zu nehmen, oder eine Haltestelle früher auszusteigen, wirst du dir diese Fragen irgendwann nicht mehr stellen und nicht mehr darüber nachdenken müssen. Sie etablieren sich in deinem Gehirn als positive Gewohnheit und laufen irgendwann unbewusst ab. Du wirst erkennen, dass du dich auf diese täglichen Gewohnheiten irgendwann freust, weil dein Gehirn eine positive Aktivität und einen Nutzen für dich damit in Zusammenhang bringt. Du wirst dich auf diese täglichen Gewohnheiten nicht nur freuen, sondern dich auch auf sie verlassen, weil du ihnen Vertrauen schenkst. Achtung bei neu entwickelten Gewohnheiten, auf die du dich jeden Tag freust, weil du ihnen vertraust, dass sie dir einen Nutzen mitbringen und dein Wohlbefinden erhöhen: Es wird dir helfen, wenn du dir dabei von Anfang an bewusst machst, dass diese Gewohnheiten vermutlich aufgrund äußerlicher Einflüsse in ihrem Ablauf geändert werden müssen oder auch mal gar nicht ausgeübt werden können. Denk zum Beispiel daran, dass es Regentage gibt, du dich nicht fit fühlst oder krank bist etc. Überlege dir für diese möglicherweise auftretenden Situationen Alternativen. Überlege dir dafür unbedingt auch deine alternative Gefühlsreaktion. Wie möchtest du reagieren, wenn es stark regnet und du den Einkauf heute mit dem Auto erledigen musst, deine Alltagsbewegung sozusagen buchstäblich ins Wasser fällt? Wie möchtest du reagieren, wenn die Kaffeemaschine in deiner Arbeitsstelle nicht funktioniert und du entweder keine zweite zur Verfügung hast oder dir der Kaffee aus der anderen Maschine nicht zusagt? Überlege dir schon im Vorfeld Alternativen, indem du dir diese Situation vorspielst und dir darüber aktiv Gedanken dazu machst. Es wird dich dann in den entsprechenden Situationen, falls sie noch dazu spontan ein- oder auftreten, nicht in Stress versetzen, weil du dir selbst und deinem Gehirn schon vorher alternative Reaktionen und sogenannte Umleitungsgewohnheiten antrainiert hast. Das ist nicht nur unterstützend für dein eigenes (mentales) Wohlbefinden, weil es in dir keinen Stress auslöst, sondern kann auch hilfreich für dein Zeitmanagement sein. Du weißt ganz genau, wie du in dieser Situation reagieren möchtest, rufst deine Gedanken ab und reagierst gelassen und alternativ gewohnheitsgemäß. Es wird vermutlich nicht immer funktionieren und wahrscheinlich auch nicht beim ersten Mal, wenn du in so eine Situation kommst, da in der Realität dann oft auch noch zusätzliche Einflussfaktoren und Herausforderungen auf dich einwirken können. Trotzdem hast du dir ein Gedankenmuster überlegt, aus dem du wählen kannst. Sei nicht zu streng mit dir, wenn es nicht so funktioniert, wie du es dir vorgestellt hast, besonders anfangs nicht.

Routinen und Gewohnheiten kannst du insbesondere in deiner Ernährungsweise ein- und aufbauen. Denk daran, dass du als Kind wahrscheinlich feste Essenszeiten vorgelebt bekommen hast. Ja, du sollst (erst) essen, wenn du Hunger hast und somit die Bedürfnisse deines Körpers aktiv und bewusst wahrnimmst, aber du sollst vor allem dann essen, wenn dein Körper Hungersignale aussendet. Das heißt, du musst nicht jeden Tag um sieben Uhr in der Früh Frühstück, um zwölf Uhr Mittagessen und um 18 Uhr Abendessen haben. Du sollst dir aber Gewohnheiten schaffen, dass du isst und dass du bewusst isst. Erinnere dich daran: Isst du, weil du deinem Körper Energie geben möchtest, damit er die täglichen Herausforderungen für dich meistert, oder isst du nur, um zu überleben? Der Zeitfaktor ist hier keine Ausrede, denn es ist kein realer, sondern nur ein vermeintlicher und von dir selbst aufgestellter Faktor. Ich weiß nicht, was und wo du arbeitest und wie deine Arbeitsbedingungen aussehen. Trotzdem sind die Nahrungsaufnahme und die Versorgung deines Körpers mit wichtigen Nährstoffen über den Tag verteilt für dich und deine (mentale) Gesundheit sowie für dein (mentales) Wohlbefinden essenziell. Essenziell einerseits, um zu überleben, aber essenziell andererseits für deine Energie, mit der du hohe oder niedrige Leistungen erbringen kannst, und zusätzlich essenziell für deinen Geist und deine Seele, also dein mentales Wohlbefinden, für gute oder schlechte Laune. Du darfst dir und du sollst dir Gewohnheiten für deine Ernährung und die damit verbundene Nahrungsaufnahme vor allem im Berufsalltag schaffen. Kommuniziere das auch so mit deinem Vorgesetzten. Denn ohne Nahrungsaufnahme keine Energie, ohne Energie keine oder nur geringe Leistungserbringung und vor allem ein schlechter mentaler Zustand.

Du bist zusammen mit deinem Körper, deinem Geist und deiner Seele darauf ausgerichtet, Gewohnheiten in deinem Leben zu haben. Erinnere dich an das Dreieck. Gewohnheiten der drei Ecken des Dreiecks wirken auf dich ein und können dich in der Mitte entweder stärken oder schwächen. Es gibt nämlich auch eine Reihe negativer, schlechter oder lästiger Gewohnheiten, wie zum Beispiel Rauchen, Zuspätkommen, in bestimmten und gleichen Situationen immer zu einer Notlüge greifen usw. Das Gute daran ist, du kannst dir nicht nur neue Gewohnheiten antrainieren, sondern auch alte und bestehende Gewohnheiten abtrainieren. Du weißt, dass sie dir keinen Nutzen bringen, dir langfristig sogar schaden und du sie grundsätzlich nicht in und für dein Leben benötigst. Sie unterstützen dich und deine (mentale) Gesundheit nicht, sie wirken auf dich in der Mitte des Dreiecks ein und beeinflussen dich negativ. Übung macht dich zum Meister. Du kannst üben, dir Routinen aufzubauen, und du kannst üben, dir Gewohnheiten abzutrainieren. Übungen bedürfen und umfassen einerseits deine Motivation dafür und andererseits deine Disziplin dazu, beziehungsweise manchmal auch Mut. Sogar wenn du Gewohnheiten schon jahrelang machst und erlebst, kannst du die Macht deiner Gedanken einsetzen und lästige und schlechte Gewohnheiten lenken und steuern beziehungsweise ausschalten. Diese Änderung deiner Routine bedeutet immer auch eine aktive Änderung deines Verhaltens. Sie ist somit anfangs nicht unbedingt beliebt in deinem Gehirn, da es in den Jahren, in denen es sich an eine bestimmte Aktivität gewöhnt hatte, nicht mehr denken musste und sich sozusagen ausruhen konnte. Beginnst du nun, deine Gewohnheit zu verändern, auszuschalten und neue Reize zu setzen, bedeutet das für dein Gehirn neue Arbeit, was zunächst eine Stressreaktion auslösen kann. Das ist mitunter der Grund, warum negative Gewohnheiten so schwer abzulegen sind. Du hast sie jahrelang praktiziert und nun gibst du deinem Gehirn neue Arbeit. Veränderung löst anfangs Stress aus, belohnt dich aber am Ende beziehungsweise schon währenddessen mit neu auftretenden Gefühlen, Erlebnissen, Emotionen, Wahrnehmungen, Erkenntnissen usw. Langfristige persönliche Veränderungen in deiner

Routine führen zu nachhaltigem persönlichem Erfolg. Programmiere dein Gehirn neu, aber gib dir Zeit und sei geduldig mit dir.

Gewohnheiten, meist eher die negativen davon, entstehen durch Reize unseres Gehirns. Hattest du einen stressigen Arbeitstag, Streit mit deinem Partner oder hast du dich selbst Stress ausgesetzt, kommst du am Abend nach Hause und fühlst dich müde und ausgelaugt. Was sind deine Folgerungen? Du bestellst dir Essen, machst dir ein Fertiggericht oder setzt dich direkt auf die Couch mit Süßigkeiten. Warum machst du das? Weil dein Gehirn eine kurzzeitige Belohnung feststellt und ein kurzfristiges angenehmes Gefühl erlebt. Kurzfristig, aber in diesem Moment und direkt folgend auf den stressigen Arbeitstag, Streit mit dem Partner usw. vermittelt dir dieses Gefühl ein falsches Empfinden. Der Schein trügt sozusagen. Kurzfristige Erholung, aber eben nicht langfristig und schon gar nicht nachhaltig. Sobald du verstehst und dir selbst und deinem Gehirn vermitteln kannst, dass kurzfristige Gefühle und Belohnungen das Wort „kurz" beinhalten und dir langfristig keinen Nutzen bringen, wirst du beginnen, dich dir selbst und deinem Gehirn gegenüber für die Entwicklung neuer Routinen und die Veränderung von alten Gewohnheiten stark zu machen.

Überlege dir den Ursprung deiner Gewohnheit und warum du etwas machst, wie du es machst. Was sind die Auslöser für deine Gewohnheit? Sind es innere Auslöser oder äußere Einflussfaktoren oder besteht sogar ein Zusammenhang? Konzentriere dich immer zuerst auf die Ursache, warum, wodurch und wann etwas passiert, entsteht und ausgelöst wird. Durch diese Ursachenforschung, die du selbst für dich betreibst, ist es dir möglich, aktiv langfristige und positive Veränderungen für dich zu entwickeln und nachhaltig in deinem Lebensalltag umzusetzen und zu etablieren. Du kannst damit die Auslöser, also die Reize, die für bestimmte Situationen verantwortlich sind, vermeiden und ausschalten und sie durch eine neue Aktivität ersetzen. Negative Gewohnheiten in positive Routinen verwandeln. Schlechte Angewohnheiten ablegen und gute entwickeln. Lästige Verhaltensmuster durch gewünschtes Verhalten ersetzen. Überlege dir sozusagen eine „Anstatt-Aktivität", eine positive Gewohnheit, die du umsetzen möchtest, wenn du von einem stressigen Arbeitstag nach Hause kommst oder nachdem du dich mit deinem Partner gestritten hast. Mache dir Gedanken zu einer Alternative. Anstatt dir ein Fertigprodukt in die Mikrowelle zu stellen, bereite dir immer wieder selbst gekochte Mahlzeiten zu, die du vielleicht ein bis zwei Wochen einfrierst. Wenn du dich gemäß deiner schlechten Routine für den restlichen Abend auf die Couch setzen möchtest, verabrede dich zum Beispiel mit einem Freund zum Sport oder geh alleine spazieren.

Suche dir Routinen, die zu dir und deinem Alltag passen und dich unterstützen, anstatt neuen Stress zu erzeugen. Jede Veränderung, jede neue Aktivität und jeder neue Gedanke beginnt in deinem Kopf. Übung macht dich zum Meister. Wiederhole diese neuen Aktivitäten daher regelmäßig und mache dir bewusst, dass du durch eine einmalige Tätigkeit keine langfristige und nachhaltige Veränderung und keine positive Entwicklung erfahren kannst. Überlege dir dafür anfangs immer den Nutzen für dich und deinen Alltag; das wird dir helfen, weiterzuüben und konstant zu bleiben. Du brauchst Sicherheit und Unterstützung im Leben. Durch die Etablierung von Routinen und Gewohnheiten, die dir und deinem Leben einen langfristigen Nutzen nachhaltig bieten, gibst du dir selbst Sicherheit und unterstützt dich vor allem auf mentaler Ebene selbst in deinem Alltag.

Wir streben zwar alle nach Weiterentwicklung und gewissermaßen oft nach Fort- und Weiterbildung, dem Erreichen neuer Dimensionen, und dennoch ist es besonders in diesem Zusammenhang essenziell, Gewohnheiten zu leben und Gleiches zu erleben, das heißt, Regelmäßigkeit in deinen Alltag zu bringen. Auf deiner Reise und deinem oft viel zu schnelllebigen Alltag darfst und sollst du gerne einmal kurz stehen bleiben, innehalten, wieder bewusst und aktiv atmen und die eine oder andere Gewohnheit einfließen lassen; denn es muss nicht immer alles neu, größer und schneller sein und werden; es darf und soll gerne auch einmal ein Spaziergang statt einem Sprint sein, eine Stagnation sowie purer Spaß. Sich Gewohnheiten und damit einhergehend Routinen anzueignen und fest im Alltag zu verankern sowie ihnen nachzugehen, ist sozusagen Teil der Reise zu und mit dir selbst und unterstützt dich vor allem bei der Etablierung eines für dich positiven, gesunden und starken Mindsets.

Übungen

▶ Gedanken wegwerfen in Form deiner Abendroutine:
Schreibe dir am Abend schlechte Gedanken auf, jeden
einzelnen auf ein separates Blatt Papier, groß, deutlich
und leserlich. Überlege dir, warum und in welcher Situation
dieser Gedanke heute entstanden ist und warum du ihn
als für dich schlecht einstufst. Was hat dieser Gedanke
heute in dir ausgelöst, wie hat er dich, eventuell sogar
nachhaltig, beeinflusst? Um diesen Gedanken sozusagen
loszuwerden, zerknülle oder zerreiße ihn auf diesem Blatt
Papier und wirf ihn weg; wirf ihn aktiv und selbstbestimmt
in den Mülleimer. Auf diese Art und Weise kannst du jeden
Abend im Rahmen einer abendlichen Routine über dich
selbst und deine Gedanken, die zu bestimmten Handlungen
geführt oder dich von etwas abgehalten haben, reflektieren.
Durch das aktive Wegwerfen der Gedanken nimmst du
sie weder in deinen Schlaf noch in den nächsten Tag mit.
Du verhinderst dadurch, dass sie dich weiter begleiten und
eventuell langfristig und nachhaltig belasten.

▶ Morgen- und Abendroutine:
Schreibe dir jeden Morgen drei bis fünf Dinge auf, die du
an diesem Tag erreichen oder schaffen möchtest. Am
besten nimmst du dir dieses Blatt Papier mit deinen
Notizen mit. Gib es in deine Handtasche, lege es in
deinen Kalender oder stecke es in deine Hosentasche.
Wenn du den Tag vorrangig zu Hause verbringst (zum
Beispiel im Homeoffice, an freien Tagen oder am
Wochenende), klebe es an die Kühlschranktür, an den
Badezimmerschrank oder stecke es auch in deine
Hosentasche. Du trainierst deine Gedanken dadurch, dich
unterbewusst, aber trotzdem regelmäßig und aktiv an diese

Dinge zu erinnern. Du schärfst dir damit dein Bewusstsein und deinen Blick auf sie. Am Abend hole das Blatt Papier heraus und hake alle Dinge aktiv ab. Zusätzlich male gerne einen lachenden Smiley dahinter. Wenn du etwas nicht geschafft hast (und du wirst nicht jeden Tag immer alles schaffen), verurteile dich und deinen Tag nicht, sondern setze zwei weitere Schritte: Zuerst fragst du dich, warum du es nicht geschafft hast. Warst du zu unmotiviert, zu lustlos, nicht mutig genug? Warum warst du zu unmotiviert, zu lustlos und nicht mutig genug? Hast du dir die Zeit nicht genommen? Warum hast du dir die Zeit nicht genommen? Hast du dich von äußeren Faktoren beeinflussen lassen, falls ja, warum? Haben sie dich negativ beeinflusst, falls ja, warum hast du das zugelassen? Im nachfolgenden und zweiten Schritt nimm die unerledigten Dinge von diesem Tag in den nächsten mit und versuche sie anzupassen und eventuell umzuschreiben. Sinn dieser Übung ist es, dir positive Gedankengewohnheiten zu schaffen und Routinen daraus zu entwickeln, dich auf das Positive und auf deine Fähigkeiten und Eigenschaften zu konzentrieren: Du setzt damit einerseits die Kraft deiner Gedanken ein und schaffst dir andererseits Routinen, die deine Gedanken in deinem Alltag unterstützen und Freude, Stolz und Erfolg bringen, wenn du die Dinge am Abend abhaken kannst. Gleichzeitig baust du dir dadurch dein positives Selbstwertgefühl auf und stärkst dein Selbstbewusstsein: Du erledigst Dinge, die du dir vornimmst, du setzt dafür deine Fähigkeiten nach deinen individuellen Möglichkeiten ein und nimmst unerledigte Dinge mit, anstatt dich durch Nichterledigung negativ beeinflussen zu lassen.

o   Morgen- und Abendroutinen müssen sich nicht nur
    auf deine Gedanken beziehen. Du kannst dir diese
    beiden Routinen auch in Form deiner
    Pflegegewohnheiten schaffen oder durch ruhige
    Minuten mit einer Tasse Tee, an denen du am Morgen
    den Tag ankommen lässt und am Abend dich vom Tag
    verabschiedest.

▷ Dankbarkeitskarten schreiben:
  Entweder du nimmst dafür ein eigenes Notizbuch oder
  du verwendest kleine, separate Blätter, die du jeden Tag in
  ein Glas gibst. Schreibe dir am Morgen auf, wofür du an
  diesem Tag dankbar sein möchtest, und am Abend, wofür
  du dankbar bist. Du lenkst deine Aufmerksamkeit und deine
  Wahrnehmung auf diese Dinge, öffnest dich damit dafür
  und ziehst durch den Einsatz deiner Dankbarkeitskraft
  diese Dinge an.

Deine wichtigsten Learnings und was du mitnimmst

Routinen und Gewohnheiten prägen unser Verhalten, und somit uns selbst. Sie sollen zu dir und deiner Lebensweise passen und unterstützend für dich in deinem Alltag sein.

Du entwickelst Routinen und Gewohnheiten meistens dann, wenn du mehrmals eine gleiche positive Erfahrung in bestimmten Situationen gemacht hast. Diese Erfahrung schenkt dir Vertrauen und gibt dir Halt, Schutz und Sicherheit. Mache dir von Anfang an bewusst, dass jede Gewohnheit von äußeren Faktoren beeinflusst wird und sich damit (spontan) in ihrem Ablauf ändern kann.

Du bist zusammen mit dir und deinem Körper, deinem Geist und deiner Seele darauf ausgerichtet, Gewohnheiten in deinem Leben zu haben. In deinem Dreieck wirken Gewohnheiten der drei Ecken auf dich ein und können dich in der Mitte entweder stärken oder schwächen.

Übung macht dich zum Meister. Du kannst üben, dir Routinen aufzubauen, und du kannst üben, dir Gewohnheiten abzutrainieren. Übungen bedürfen einerseits deiner Motivation und andererseits deiner Disziplin beziehungsweise manchmal auch deines Mutes.

Langfristige persönliche Veränderungen in deiner Routine führen zu nachhaltigem persönlichem Erfolg. Programmiere dein Gehirn neu, aber gib dir Zeit und sei geduldig mit dir selbst.

Suche dir Routinen, die zu dir und deinem Alltag passen und dich unterstützen, anstatt neuen Stress zu erzeugen. Jede Veränderung, jede neue Aktivität und jeder neue Gedanke beginnt in deinem Kopf. Übung macht dich zum Meister. Wiederhole diese neuen Aktivitäten daher regelmäßig und mache dir bewusst, dass du durch eine einmalige Tätigkeit keine langfristige und nachhaltige Veränderung und positive Entwicklung erfahren kannst.

Merke:

Du brauchst Sicherheit und Unterstützung im Leben. Durch die Etablierung von Routinen und Gewohnheiten, die dir und deinem Leben einen langfristigen Nutzen bieten, gibst du dir selbst Sicherheit und unterstützt dich vor allem auf mentaler Ebene selbst in deinem Alltag.

„Abhängig davon, welche du pflegst, können Gewohnheiten dich formen oder dich brechen. Wir werden zu dem, was wir regelmäßig tun."

Sean Covey, Bestsellerautor

„Um in großen Dingen Exzellenz zu erreichen, muss man Gewohnheiten in den vielen kleinen Dingen entwickeln. Exzellenz ist deshalb keine Ausnahme, es ist eine vorherrschende innere Haltung."

Colin Powell, Militärgeneral & Politiker

„Die Gewohnheit ist ein Seil; wir weben jeden Tag einen Faden, und schließlich können wir es nicht mehr zerreißen."

Thomas Mann, deutscher Schriftsteller

Ich bin neugierig und mutig

Träume leben

Ein Traum ist eine schöne Vorstellung deiner Wirklichkeit, deiner Realität. Der Traum entsteht aus deinem Wunsch und der Wunsch entsteht durch den Traum. Träume und Wünsche zu haben, ist etwas Wundervolles. Sie bringen Magie und Leuchten in dein Leben und tragen dich zusammen mit deiner Hoffnung ganz oft ein Stück weiter. Der Traum an sich ist aber nicht angreifbar, er schwebt lediglich über dir und in deinem Kopf. Um Träume in dein Leben zu lassen, musst du sie daher greifbar machen.

Wünsche, Träume, Absichten und Ziele. Was aber ist eine Absicht, der keine Handlung folgt? Ein Traum, dem keine Realität zuteil wird? Genau, die Absicht bleibt eine Absicht und der Traum bleibt ein Traum. Aus Wünschen und Träumen entwickelst und setzt du dir Ziele.

Jeder Traum hat seine Berechtigung. Du darfst dir alles wünschen, wovon du träumen kannst. Verliere dich nicht in Gedanken, ob dein Traum, egal ob klein oder groß, als Ziel für dein Leben gerechtfertigt ist, das kostet nur unnötige Energie und Zeit. Konzentriere dich stattdessen auf deine Zielerreichung und somit auf die Verwirklichung deiner Träume. Um deine Träume zu leben, musst du sie als Ziele definieren. Du brauchst eine konkrete Beschreibung deiner Ziele. Es hilft, wenn du sie dir aufschreibst und dir somit visualisierst. Zum Beispiel habe ich mir letztes Jahr Folgendes notiert: Ich veröffentliche mein Buchprojekt innerhalb des nächsten Jahres. Mein Ziel. Meine Absicht, die aus meinem Traum und Wunsch entstanden ist. Erst, wenn du diese Definition klar in deinem Kopf hast, kannst du dich mit dem Prozess der Zielerreichung, und somit mit dem Erleben deiner Träume beschäftigen. Ein schöner Prozess.

Stell es dir mal so vor: Deine Träume schweben in deinem Kopf und befinden sich dort drinnen in einem sicheren, schönen und warmen Raum. Mit der Definition klarer Ziele lässt du deine Träume sozusagen frei. Du holst sie aus deinem Kopf und diesem warmen Raum heraus und lässt sie in dein Leben. Lass dich also mit und von deinen Träumen inspirieren, aber schaffe die Veränderung, die Traumumsetzung mit der klaren Visualisierung deiner Ziele. Träume geben Hoffnung und Ziele schaffen Mut, stärken dich und lassen dich wachsen. Der Weg von den Träumen hin zu den Zielen ist dein Leben. Dieser Weg verläuft nicht immer – um ehrlich zu sein, selten – linear. Aber genau auf diesem Weg lernst du dich selbst kennen und entwickelst dich weiter. Du beginnst auf diesem Weg, aktiv zu leben.

Verabschiede dich von dem Gedanken, dass Träume irgendwann passieren, wenn du sie lange genug träumst. Träume passieren nicht einfach so. Du musst schon losgehen und dich ein bisschen anstrengen. Dein Leben ohne Anstrengung wäre aber auch langweilig. Du kannst deine Träume nur dann richtig erleben, wenn du einerseits die Motivation und den Willen und andererseits den Mut hast, deine Ziele zu verfolgen. Ich kann dir versprechen, es lohnt sich immer wieder. Lass dich weder von deinen Selbstzweifeln und Unsicherheiten noch von den Erwartungen anderer aufhalten. Blende sie einfach aus. Und wenn sie doch mal da sind, stelle deinen Mut und deine Motivation sowie deine Leidenschaft einfach über sie. Ziele geben deinen Träumen die Richtung für dein Leben.

„Alle Träume können wahr werden, wenn wir den Mut haben, ihnen zu folgen." (Walt Disney)

Alles, was du dir erträumen kannst, kannst du auch erleben. Alles, was du dir visualisieren kannst, kannst du auch umsetzen. Und vor allem kannst du damit dein Glück selbst in dein Leben lassen und deine Glücksebene weiter formen.

Die Komfortzone ist der Bereich, den wir mit Bequemlichkeit assoziieren. Dieser Raum ist für dich bequem, weil er frei von Risiken und Veränderungen ist. In deiner Komfortzone kennst du dich aus, bewegst dich sicher und es wirken keine neuen Stressoren auf dich und dein Gehirn ein. Du fühlst dich sicher, weil du dich auskennst und weil du dich in einem neutralen Zustand deines Lebens, deines Verhaltens und deiner selbst befindest. Es ist manchmal angenehm, sich auszukennen, den Weg unbewusst zu finden und sich auszuruhen. Langfristig und nachhaltig betrachtet, ist diese Verhaltensebene und dieser Zustand in deiner Komfortzone aber auch durch Einseitigkeit und Langeweile geprägt. Das führt mitunter zu Frust, Lustlosigkeit, Unzufriedenheit und negativen Gedankenmustern. Glaubenssätze, wie „Ich kann das sowieso nicht", „Ich bin nicht gut genug", „Andere sind besser als ich", entwickeln sich. Durch die Etablierung dieser Gefühle und Glaubenssätze in deiner Komfortzone können sich darüber hinaus Emotionen der Traurigkeit bilden und zu starkem mentalem Unwohlsein, schlechter mentaler Gesundheit und sogar zu Depressionen führen.

Stell dir mal vor, du würdest jeden Tag dasselbe Gericht essen und dieselbe Kleidung tragen. Diese Eintönigkeit würdest du einerseits gar nicht lange ertragen und andererseits würde sie sich auf deiner Gefühlsebene negativ ausbreiten und deinen Körper, deinen Geist und deine Seele sowie dich im Mittelpunkt deines Dreiecks negativ beeinflussen. Du wärst nicht nur körperlich mit Nährstoffen unterversorgt, sondern auch mental. Genauso ist es in deiner Komfortzone, in der du dich gerne befindest, weil es so kuschelig warm ist und du dich, frei von Ängsten, Stressfaktoren und Veränderungen, bewegen kannst. Aber ganz ehrlich, fühlst du dich wirklich so wohl da drinnen oder hattest du schon öfter das Gefühl und vor allem das Verlangen, etwas Neues auszuprobieren und dich an etwas Neues heranzuwagen?

Du wirst in deiner Komfortzone nur bedingt und zu einem gewissen Grad erfolgreich und glücklich werden. Dieser Erfolg hat nicht nur mit Karriere und beruflichem Erfolg zu tun. Dein Erfolg im Leben spiegelt sich auf allen Ebenen und in allen Lebensbereichen wider. Wenn du immer das tust, was du schon kannst, bewegst du dich nicht vorwärts. Du trittst auf der Stelle und um dich herum ist alles immer dasselbe. Du kannst dein Potenzial nur bis zu einem gewissen Grad entfalten, aber nicht weiter. Deine Neugierde wird nicht gestillt werden.

Alles was du in deinem Leben machst, denkst und fühlst, beeinflusst dich auf allen Ebenen und wirkt sich somit vor allem positiv oder negativ auf dein (mentales) Wohlbefinden und auf deine Zufriedenheitsebene sowie auf dein Glück aus. Du kannst dein Glück und dein (mentales) Wohlbefinden in deiner Komfortzone nicht ausweiten. Es kann sich dort drinnen nicht vermehren. Etablierte Routinen und Gewohnheiten in deinem Leben können dir helfen, dir deine Sicherheit trotzdem zu bewahren und dich im Bereich außerhalb deiner gemütlichen Zone zu unterstützen. Ich persönlich finde daher eine entwickelte Morgen- und Abendroutine besonders hilfreich. Ich habe dadurch Abläufe zu Beginn und am Ende jeden Tages, die mich in meiner gewohnten Umgebung auf einen neuen Schritt, auf eine neue Herausforderung vorbereiten. Meine Routinen stärken mich und ich schaffe mir meine mentale Wohlfühlbasis und Kraftbasis für den Tag. In der Morgenroutine kannst du dich sozusagen auf deinen Tag, auf jede neue Herausforderung, langsam und in gewohnter Umgebung sowie in gewohntem Zustand vorbereiten. Mit der Abendroutine kannst du deine neuen Erfahrungen und Lerninhalte des Tages platzieren, annehmen und alles Negative an diesem Tag zurücklassen. Entscheide dich dabei aktiv und ehrlich für deine nächsten Schritte und lass alle Energie- und Krafträuber zurück.

Es gibt so viel mehr Fähigkeiten und Möglichkeiten, die du in dein Leben bringen kannst. Dazu zählen insbesondere Mut, Motivation und Leidenschaft. Spielen diese drei Faktoren zusammen und verbinden sie sich darüber hinaus mit deiner Disziplin und deiner Willenskraft, wirst du alles erreichen, was du möchtest. Außerhalb deiner Komfortzone warten Arbeit und Anstrengung auf dich, die du durch das Zusammenspiel dieser Faktoren nicht immer leicht, aber immer selbstbewusst und stark bewältigen und meistern wirst. Disziplin bedeutet auch Durchhaltevermögen und Geduld. Du darfst geduldig mit dir selbst sein, um überhaupt erfolgreich werden zu können. Du darfst geduldig mit dir selbst sein, um zu lernen, dass dein Erfolg auch außerhalb der Komfortzone sich nicht sofort und linear einstellt. Lerne zu verstehen, dass du dich außerhalb deiner Komfortzone weiterentwickeln, dein Potenzial und deine Fähigkeiten fördern, deine Träume verwirklichen und deine Ziele erreichen kannst. Du beginnst, dein Leben selbst zu gestalten, indem du aus dieser Zone hinausgehst, in der womöglich vieles bereits vorgegeben war. Du beginnst, deine Möglichkeiten und Fähigkeiten auszuschöpfen und einzusetzen und lernst, dass es außerhalb der Komfortzone ungemütlich gemütlich werden kann. Mit jedem unbekannten und neuen Schritt, mit jeder neuen Herausforderung entfaltest du in diesem freien Gelände dich selbst und beginnst, jedes Mal ein Stück weiterzuwachsen. Mach dir von Anfang an bewusst, dass Gefahren immer und überall auf dieser Welt lauern. Du kannst dich nicht einsperren, aber du kannst lernen, sie auf deine Art und Weise und mit deinen individuellen Fähigkeiten zu handhaben.

Das Verlassen deiner Komfortzone kannst du auch als Persönlichkeitsentwicklung beschreiben. Du erweiterst sozusagen dein persönliches Feld, indem du deine Grenzen öffnest und größer machst. Du schaffst dir dadurch einen größeren Raum für dich, deine Möglichkeiten, Fähigkeiten und deine Träume. Achte darauf, dass du klein beginnst und deine Grenzen Stück für Stück immer weiter öffnest, aber nicht alle auf einmal. Du könntest dadurch den Überblick verlieren, wodurch sich wiederum Frust und Unlust entwickeln und die Motivation sich einstellen würde. Die bequemste Folge: Du gehst zurück in deine Komfortzone, in der deine Glaubenssätze „Ich bin nicht gut genug", „Ich kann das sowieso nicht" und „Die anderen sind besser und erfolgreicher als ich" auftreten werden. Warum sind „die anderen" besser und erfolgreicher als du? Weil sie Mut,

Disziplin, Willenskraft und Leidenschaft sowie Motivation miteinander verbunden haben. Sie haben ihre Komfortzone nicht nur verlassen, sondern sind beim Auftreten der ersten Schwierigkeiten weitergegangen und nicht sofort wieder in ihre bequeme Zone zurückgekehrt. Schwierigkeiten werden auftreten, bei dir und bei „den anderen"; die sind auch bei mir aufgetreten und tun es immer noch und immer wieder, weil durch neue Wege immer andere Steine auf dem Pfad sein werden und weil andererseits dadurch das Leben spannend und einzigartig ist. Vielleicht sind diese Personen kurz stehen geblieben, haben eine Pause eingelegt und reflektiert. Erfolgreiche Personen sind nicht besser als du, sondern lediglich disziplinierter und willensstärker. Durchhaltevermögen ist eine der wichtigsten Eigenschaften für Beständigkeit, Langfristigkeit, Erfolg und in diesem Zusammenhang für Nachhaltigkeit. Überlege dir, warum du deine Komfortzone verlassen möchtest. Wohin möchtest du gehen und was möchtest du erreichen? Welche Schritte sind dafür notwendig?

Das Verlassen der Komfortzone bedeutet aber nicht immer unbedingt, dass du gleich alles von null auf hundert verändern, umkrempeln und anders machen sollst. Nein, ganz und gar nicht. Es ist schön, wenn du tief in deinem Inneren mit deiner Lebenssituation zufrieden und glücklich bist, das ist dein Ziel, dein Lebensprozess. Und dennoch bist du darauf ausgerichtet, nach Weiterentwicklung, nach Neuem und nach Herausforderungen zu streben. Das Verlassen der Komfortzone kann zum Beispiel auch einfach bedeuten, dass du eine andere Laufstrecke nimmst, dass du andere Übungen beim Fitnesstraining machst, dass du dich mit neuen, anderen Arbeitskollegen unterhältst, mit ihnen deine Pause verbringst, dass du ein auffälliges Kleidungsstück endlich in der Öffentlichkeit und nicht nur zu Hause zum Putzen oder Chillen trägst usw. Die Komfortzone kannst du in allen Lebensbereichen, in jeder Lebenssituation und immer wieder verlassen oder dich zumindest einen kleinen Schritt aus ihr herauswagen. Ich versichere dir, dass es sich danach gut anfühlt, wenn du diesen Erfolg, den du dir selbst zuteil hast werden lassen, spürst und dieses Glücksgefühl dir Lust auf mehr macht.

Wir haben alle unsere Stärken und Schwächen und natürlich widmen wir uns gerne Tätigkeiten und gehen lieber Aufgaben im Alltag nach, bei denen wir in erster Linie unsere Stärken einsetzen können. Du fühlst dich bei der Erledigung dieser Aufgaben sicher; aber wie fühlst du dich nach der Erledigung? Du kannst vielleicht ein Häkchen hinter die Tätigkeit oder Aufgabe setzen, aber wahrscheinlich auch nicht mehr. Dabei sind langfristig weder Erfolgs- noch Glücksgefühle vorhanden, weil du von Anfang an wusstest und dir sicher warst, diese Aufgabe erfolgreich zu meistern. Wenn du immer nur das tust, was du schon kannst, trittst du auf der Stelle. Stellst du dich aber Dingen in deinem Leben und in deinem Alltag, die deine Schwächen benötigen, das heißt, bei denen du dich mehr anstrengen und andere Fähigkeiten erlernen, entdecken darfst, wirst du schon vor Erreichung des Ziels kleine Erfolge verbuchen können. Du entwickelst neue Stärken; oft werden sogar deine Schwächen in diesem Prozess zu deinen neuen Stärken. Du entwickelst Glücksgefühle und freust dich, wenn du neue Herausforderungen und diese neuen oder ungewohnten, zuvor vielleicht sogar gefürchteten, Aufgaben erreicht hast. Du erkennst dein Potenzial und die Erweiterung deines Horizonts, die dir Lust auf mehr macht. Du bemerkst, dass du doch eigentlich so viel mehr kannst. Nicht eigentlich, du kannst tatsächlich so viel mehr, als du dir selbst zutraust. Gehe einen Schritt weiter als üblich, indem du deine Komfortzone verlässt. Trau dich, Neues und weniger Vertrautes in Angriff zu nehmen, und erfreue dich schon währenddessen und ganz besonders danach an den Erfolgen, die du neu auf deinem Konto verbuchen kannst.

Wann hast du zuletzt etwas Neues ausprobiert, dich an etwas Neues herangewagt und vor allem etwas Neues in deinem Leben zugelassen?

Ich habe mit dem Schreiben dieses Buches gleich mehrere neue Dinge ausprobiert beziehungsweise das erste Mal gemacht. Ich habe das erste Mal mit einer bestimmten Intention, einem bestimmten Ziel, meine Gedanken, Erfahrungen und Ansätze in und mit diesem Buch an dich herangetragen und niedergeschrieben; ich habe das erste Mal meine Leidenschaft ausgelebt, nämlich schreiben und meine Learnings weiterzugeben. Ich habe mich an dieses Projekt zunächst alleine herangewagt, indem ich zu Beginn natürlich nicht wusste, wie und ob es funktionieren kann und wird. Meine Gedanken sind vor Entstehung dieses Buches immer zu meinem Ziel gewandert, neben meinem Job als wissenschaftliche Mitarbeiterin und Studienkoordinatorin gerne etwas zur Bewusstseinsschaffung für dich beizutragen. Dieses Anliegen, einen Mehrwert für dich zu generieren und einen nützlichen Beitrag für dich in deinem Alltag zu leisten, mein Wissen und meine Erfahrungen zu teilen und auszusprechen, hat sich immer mehr in meinem Kopf festgesetzt. Ich habe lange überlegt, gebrainstormt und Ideen gesammelt. Und irgendwann war es da, ehrlich gesagt, kurz vor dem Einschlafen im Bett, die Idee, dieses Buchprojekt zu gestalten. Die Grundidee stand, aber eine Idee alleine ist selbstverständlich zu wenig. Und so durfte ich mich neben dem Schreiben an so viel Neues heranwagen und mich ausprobieren. Viele Fragen habe ich mir schon vor dem ersten geschriebenen Wort gestellt. Wie beziehungsweise mit wem werde ich dieses Buch veröffentlichen? Wie werde ich es präsentieren und für dich sichtbar machen? Wie und womit erreiche ich dich? Und irgendwann, nach einigen Kurven und Hindernissen sowie von Unsicherheit behafteten Gedanken, wie soll ich das überhaupt noch fertig schreiben, wird es dich interessieren, wirst du es überhaupt lesen und vor allem wie kann ich, als nicht bekannte Person, mein Buch an dich herantragen? Denn Mehrwert für dich und deinen Alltag kann ich nur dann erzeugen, wenn du das Buch kaufst und liest, das heißt, wenn das Buch präsent und dir zugänglich ist. Ehrlicherweise haben mich diese Gedanken oft beim Schreiben gehindert, ich habe zum Beispiel den ganzen Dezember über gar nicht weitergeschrieben, weil ich mich von meinen Unsicherheiten etwas habe triggern lassen und natürlich noch einen 40-Stunden-Job „nebenbei" sozusagen zufriedenstellend erledigen wollte. Dann war da auch die Vorweihnachtszeit, in der ich als kleiner Weihnachtswichtel gerne Christkindlmärkte besuche und Kekse backe, was ebenso meine Zeit beansprucht hat. Doch meine Gedanken an dieses Buchprojekt waren immer da. Und tief in meinem Inneren wusste ich schon damals, also schon ganz zu Beginn, dass ich es veröffentlichen werde. Ich wusste noch nicht, wann und wie und womit, aber ich wusste, dass ich meine ganze Leidenschaft und Motivation in dieses Buch stecken möchte, und das Ergebnis sollte auf keinen Fall unsichtbar bleiben. Und so begann ich mich wieder an Neues heranzuwagen, indem ich versuchte, einen Verlag zu finden. Ich hatte einen ersten Videocall, der mich in meiner Euphorie wieder etwas zurückgeworfen hat oder, besser ausgedrückt, auf den Boden der Tatsachen geholt hat. Ich reflektierte danach für mich selbst, visualisierte mir wieder mein Warum und wusste, dass es jede Anstrengung, Herausforderung und die ganze Arbeit wert sein wird. Der erste Videocall mit meinem jetzigen Verlagspartner motivierte mich dann einen Monat später wieder so stark, dass für mich ab diesem Zeitpunkt feststand, dieses Projekt wird nun Realität. Ich schreibe dieses Buch fertig und ich stelle mich all den Herausforderungen, aber vor allem den vielen neuen Dingen, Aufgaben usw., die ab diesem Zeitpunkt auf mich warteten. Mit der Vertragsunterzeichnung war der erste Meilenstein für mich erreicht; Glücksgefühle und Stolz waren hoch und vor allem die Motivation weiterzuschreiben und dieses Buch an dich heranzutragen. Meine Motivation lag manchmal darnieder, ich gab ihr eine Pause, nach der sie wieder in die Höhe schoss. Die Energie war manchmal weniger, manchmal mehr, aber der Wille, mit dem Schreiben und der Veröffentlichung des Buches dir endlich meine Gedanken, Erfahrungen und meine Anleitungen für eine langfristige Stärkung des Mindsets zu vermitteln, war immer vorhanden. Ich habe beim Schreiben end-lich meine Leidenschaft ausgelebt, meine Berufung sozusagen immer mehr gefunden, und bin natürlich unendlich stolz auf mich selbst, dass ich und vor allem dass du dieses Buch nun in deinen Händen hältst und dass du dich mit mir gemeinsam auf die Reise zu dir selbst begibst.

Neues kennenzulernen lässt nicht nur deinen Hori-zont wachsen, sondern vor allem dich selbst. Die Kom-fortzone zu verlassen und Neues kennenzulernen, das sind genau die Dinge, an denen du am meisten wach-sen kannst und wirst, wenn du es zulässt, wenn du dich darauf einlässt und dich trotz aller Unsicherheiten, Herausforderungen und Selbstzweifel auf eine neue Reise begibst und Neues ausprobierst. Das muss sich keinesfalls auf den Job, wie in gewisser Art und Weise bei mir, beziehen. Es muss kein Buch geschrieben und kein Halbmarathon gelaufen werden. Du kannst deine Komfortzone so oft verlassen, wie du möchtest; ich möchte sagen, fast täglich, indem du Chancen wahr-nimmst. Wir Menschen sind doch neugierig. Warum also lassen wir uns so oft von unseren Selbstzweifeln leiten und unsere Unsicherheiten so groß werden, dass wir lieber in unserem bequemen Umfeld bleiben und uns lieber nur dort fortbewegen, als mal einen oder zwei oder drei Schritte hinauszugehen, Neues zu ent-decken und zu erfahren, und damit unsere Neugierde zu stillen?

Viele Menschen, mich eingeschlossen, reisen zum Beispiel gerne. Reisen ist ein schönes Beispiel, um nicht nur neue Länder, Menschen und Kulturen kennenzulernen, sondern sich auch an so viel Neues heranzuwagen. Ich habe mich selbst durch Reisen so viel besser, anders kennengelernt. Bei jeder Reise passiert gerne etwas Unvorhergesehenes, was ich dann alleine oder mit meiner Reisebegleitung managen darf, egal ob mit oder ohne Unsicherheiten; aber wir machen es einfach, weil wir sonst womöglich nicht weiterkommen oder nicht mehr nach Hause kommen würden. Am Ende beziehungsweise nach einer Reise habe ich immer mit einem Leuchten in den Augen, mit Freude davon erzählt, was ich alles gesehen und kennengelernt habe, wie ich beziehungsweise wir alles gut und erfolgreich gemeistert haben. Erfolg und Stolz durch neue Herausforderungen und neue Schritte erreichen mich.

Neues auszuprobieren ist wichtig für dein Leben und vor allem wichtig für deinen Alltag. Der Alltag wird dadurch bunt und aufregend und du selbst sozusagen lebendig. Du kannst zum Beispiel deine Spaziergangroute ändern, ein neues Restaurant ausprobieren etc. Wie du vermutlich bereits richtig erkannt hast, darfst du vor allem Neues auch an dir selbst ausprobieren, aber vor allem immer für dich selbst. Neue Dinge lösen meistens positive Gefühle in dir aus, machen dich stolz und geben dir ein Gefühl von Selbstsicherheit. Dein Selbstwertgefühl wird dadurch gesteigert. Versuche daher, deine Komfortzone, wann immer es möglich ist, zu verlassen und Chancen zu ergreifen. Wage dich an Neues heran, weil du neugierig bist und weil du aus deiner Zone hinausblicken möchtest. Du wirst nicht nur wachsen und dich persönlich weiterentwickeln, sondern vor allem tiefe Gefühle von innerer Zufriedenheit und innerem Glück spüren können, da dich neue

Dinge und Aufgaben nicht erst am Ziel, sondern schon auf dem Weg dorthin mit Stolz, Erfolg und Selbstbewusstsein begleiten und belohnen.

Motivation, Leidenschaft und Mut ins Leben bringen

Motivation, Leidenschaft und Mut führen dich zu einer Handlung oder Tätigkeit. Wenn du motiviert bist, machst du etwas gerne und bringst deine Leidenschaft ein. Wenn du etwas gerne machst, bist du motivierter. Mut ist eine Eigenschaft, mit der du dich selbst neu oder anders kennenlernst, sie lässt dich wachsen und stärkt dich.

Eine Motivation entsteht immer durch ein bestimmtes Bedürfnis, durch einen Wunsch oder einen Traum. Kannst du dir etwas vorstellen, kannst du dich selbst dazu motivieren. Du kannst zwischen deiner inneren Motivation und einer von außen Einfluss nehmenden Motivation unterscheiden; in der Fachsprache auch intrinsische und extrinsische Motivation genannt. Deine innere Motivation bist ganz du selbst. Du selbst in diesem Mittelpunkt deines Dreiecks, in dem du dich durch Wünsche und Träume sowie Leidenschaft und Bedürfnisse selbst antreibst. Faktoren, die sich außerhalb deines Dreiecks befinden, motivieren dich äußerlich. Das kann zum Beispiel eine materielle Belohnung sein. Ich spreche bei äußerlichen Motivationsfaktoren auch von einer Zusatzmotivation, da sie „nice to have" ist, aber kein „must have", zumindest nicht für die Entwicklung deiner Leidenschaft und die Umsetzung deiner

Träume. Äußere Motivationsfaktoren können dir zusätzlichen Antrieb geben, besonders dann, wenn die Reise zu deinem Ziel etwas länger dauert, besonders herausfordernd und anstrengend ist. Die Basis für dein gesamtes Leben, für dein (mentales) Wohlbefinden und für deine Motivation bist aber immer du selbst, also dein Inneres. Um Langfristigkeit und Nachhaltigkeit in deinem Leben zu erreichen, braucht es immer zuerst deine eigene innere Grundbasis. Kannst du dich selbst motivieren, bist du nicht auf äußerliche Motivationsfaktoren angewiesen, sondern schöpfst aus dir selbst heraus. Stell dir einen Eimer mit Wasser vor, mit dem du deine Blumen gießt. Immer wenn die Blumen durstig sind, nimmst du eine Kanne voll Wasser aus diesem Eimer und bewässerst sie. Genauso machst du das mit dir selbst und deiner inneren Grundmotivation. Nimm dir eine Kanne voll Motivation, wann immer du sie brauchst, und befülle dich sozusagen selbst damit. Manchmal wirst du nur eine halbe Kanne brauchen und manchmal anderthalb. Wenn du dich selbst motivieren kannst, wirst du deine Ziele viel leichter erreichen und vor allem den Weg als viel schöner und weniger anstrengend empfinden, weil du gleichzeitig Gefühle von Glück und Stolz erfährst. Was du gerne und motiviert machst, machst du nicht nur gut, sondern besser. Motivation erzeugt neben Glück und Stolz Zufriedenheit und Dankbarkeit und Dankbarkeit erzeugt Motivation. Außerdem brauchst du nicht die Bestätigung anderer, sondern bist dankbar für deine eigenen Stärken und Fähigkeiten und zufrieden mit dir selbst.

Motivation ist kein Geschenk, außer du bekommst ein materielles Geschenk, das dich zusätzlich motiviert;

aber eben von außen. Daher ist diese Motivation durch Kurzfristigkeit geprägt. Motivation ist deine innere Leidenschaft, die dich morgens voller Vorfreude durch Dankbarkeit aufstehen, abends zufrieden durch Dankbarkeit ruhig und frei einschlafen lässt und dir in deinem Leben zu neuen Dimensionen verhilft. Motivation führt zu Erfolg auf allen Ebenen in deinem Alltag. Wenn du dich selbst täglich motivieren kannst, ist das dein größter Erfolg, den du erreichen kannst. Motivation leitet zudem deine Inspiration an und gibt dir Raum für deine innere Erfüllung.

Motivation ist ein wichtiger Faktor für dein (mentales) Wohlbefinden. Sie ist sozusagen dein Antrieb, Dinge anzugehen und zu erledigen. Durch deine Motivation als Antriebsfaktor kommst du deinen Zielen nicht nur schneller näher, sondern erreichst sie vor allem mit Freude und Leidenschaft. Wenn du motiviert bist, strengst du dich gerne auch mal mehr und zusätzlich an. Durch diese Antriebsquelle deiner Motivation steigt somit einerseits deine Leistungsbereitschaft und andererseits deine Leistungsfähigkeit. Du wirst dich viel mehr mit dir selbst identifizieren und deinen Alltag viel mehr schätzen können, wenn du Motivation für bestimmte Tätigkeiten und Aufgaben und für alle Lebensbereiche entwickeln kannst. Dabei geht es um deine innere Grundmotivation. Du musst dabei nicht jeden Tag um fünf Uhr in der Früh einen Freudensprung aus dem Bett machen, den ganzen Tag singend und tanzend durch die Welt rennen, sondern schaffst es durch die Entwicklung und nachhaltige Etablierung deiner inneren Grundmotivation, nicht so gute Tage trotzdem mit deiner Dankbarkeitskraft zu meistern und anzunehmen. Deine innere Motivationsbasis ist gemeinsam mit deiner inneren Dankbarkeits- und Zufriedenheitsbasis ein Schutzfaktor für schlechte mentale Gesundheit, also für Depressionen und Burnout. Beide schaffen dir zusammen dein (mentales) Wohlbefinden im Alltag.

Motivation gibt dir Lebensfreude, schafft dir Glücksmomente und bereitet dir Leichtigkeit in und für deinen Lebensalltag. Was ist deine Motivation? Wofür hast du Motivation? Wie stark ist sie und wann verlässt sie dich?

Stehst du gerne und gleich beim Klingeln des Weckers auf oder drückst du mindestens zwei- bis dreimal die Schlummertaste und stehst dann müde und genervt auf? Wie beginnst du deinen Tag, wie erlebst du deinen Morgen? Bist du hastig unterwegs, ziehst du dir während des Zähneputzens die Socken an (obwohl das grundsätzlich gar nicht machbar ist) und verlässt fünf Minuten später schon mit einem Coffee-to-go-Becher das Haus oder die Wohnung, weil du, wie jeden Morgen, wieder einmal zu spät dran bist? Ich kann dir versichern, dass deine Motivation zeitgleich mit dir aufsteht und genauso mit dir schlafen geht, damit sie sich erholen kann.

Motivation kann so unterschiedlich sein und ist doch so ähnlich. Bist du motiviert, hast du mehr Energie, Kraft und den Willen, etwas zu erreichen, zu schaffen und zu machen. Der Unterschied liegt darin, wovon und womit du dich motivierst. Du selbst steuerst deine Motivation durch die Kraft deiner Gedanken und mit deiner Dankbarkeitskraft. Äußere Einflüsse auf dich im Mittelpunkt deines Dreiecks, auf dein Leben und auf deinen Lebensalltag, sind immer vorhanden, beruflich, familiär, gesellschaftlich, wettertechnisch, politisch etc. Diese Faktoren sind immer da, manchmal stärker präsent und manchmal weniger stark für dich und eine bestimmte Lebenssituation, manchmal empfindest du sie als positiv(er), manchmal als negativ(er). Du hast die Macht über deine Gedanken, und somit auch die Macht über deine Motivation und über deine Energie. Nutze diese Macht, indem du dich selbst stärkst und weiterentwickelst.

Motivation kommt manchmal erst nach Erledigung einer Aufgabe oder Tätigkeit. Du erlebst und erfährst sie dann gemeinsam mit deinem Erfolg, den du mit einer Aufgabe oder Tätigkeit erreicht hast. Ein Beispiel von mir aus meiner Sportroutine: Ich habe schon erzählt, dass ich gerne laufe. Manchmal ist der Tag aber anstrengender als erwartet und ich fühle mich am Abend etwas ausgelaugt. Ich hatte mir in der Früh vorgenommen, laufen zu gehen. Nach der Arbeit zu Hause angekommen, überlege ich mir aber, ob ich tatsächlich meine Laufschuhe binden möchte oder darauf verzichten würde. Manchmal bleibt es beim Vorhaben und ich gehe nicht laufen, sondern lege eine körperliche und auch eine aktive mentale Pause ein oder gehe maximal spazieren oder zu Fuß einkaufen. Das ist ganz normal und berechtigt und hängt immer vom jeweiligen Tag sowie von deiner persönlichen Gefühlslage und Lebenssituation ab. Manchmal musst du auch deiner Motivation eine Pause geben, damit sie am Tag darauf oder das nächste Mal wieder für dich da sein kann.

Pausen sind nicht nur für deinen Körper, sondern auch für deinen Geist und deine Seele wichtig. Wenn du bewusst und aktiv eine Pause einlegst, erholen sich alle drei Ecken deines Dreiecks. Du kannst im Mittelpunkt dadurch voll und ganz in deine Erholung kommen und neue Energie tanken. Falle nicht auf das schlechte Gewissen herein, das dich triggern möchte und dir einreden will, dass du faul bist. Eine richtige Pause ist nämlich nur dann eine Pause und nur dann sinnvoll, wenn du sie als solche annimmst und dich bewusst in den Pausenmodus schaltest.

Wichtig: Pausen immer aktiv einplanen, aber auch spontan zulassen. Dein Körper und Geist sowie deine Seele können sich dann schon am Morgen auf die Erholung vorbereiten. Dir fällt es somit leichter, diese Pause tatsächlich und bewusst zu machen. Um wieder zur Motivation zurückzukommen: Meistens gehe ich aber laufen, wenn ich es mir vorgenommen habe, anstrengender Tag hin oder her. Ich weiß zum einen, dass mir die Bewegung körperlich und mental guttun wird, und zum anderen, dass ich nach dem Lauf meine Gefühle von Glück, Erfolg und Stolz spüren werde. Zudem weiß ich nach jahrelanger Erfahrung auch, dass meine Motivation während dem Laufen und vor allem danach zurückkommt. Sie ist dann noch stärker. Und ich spreche hier nicht nur von der Sportmotivation. Die Motivation, die gemeinsam mit deinen Erfolgs- und Glücksgefühlen kommt, führt dich zu deinen nächsten Handlungen und begleitet dich als dein Antriebsfaktor für die nächsten Aufgaben. Motivation ist nicht einfach da. Sie muss auch geschaffen und aufgebaut werden, am besten von dir selbst gemeinsam mit deiner Leidenschaft, um durch die Entwicklung deiner inneren Motivationsbasis langfristig und nachhaltig gestärkt und freudig leistungsbereit zu sein.

Deine Leidenschaft und deine Motivation beeinflussen sich gegenseitig. Machst du etwas aus voller Überzeugung und gerne, bist du automatisch motiviert. Kannst du dich für etwas langfristig und nachhaltig motivieren, wächst deine Leidenschaft. Oft sind Menschen leider zu vorsichtig, ihre Leidenschaft für bestimmte Themen, Aufgaben, Tätigkeiten oder Dinge zu zeigen und ihr aktiv nachzugehen. Erstens machst du dir viel zu oft Gedanken, was andere Leute dazu sagen könnten (was sie im Endeffekt vielleicht gar nicht sagen), wenn du zum Beispiel etwas Neues, etwas anderes machst, ausprobierst oder zeigst. Zweitens melden sich gerne Selbstzweifel, mit Ängsten und negativen Gedanken behaftet, ob du dem überhaupt gewachsen bist, wie es denn wohl aussehen mag oder ob dir das überhaupt steht. Aber: Erstens ist es egal, was andere Menschen darüber denken – lerne, Erwartungen anderer auszublenden und deine Energie sowie zeitlichen Ressourcen für dich selbst aufzuwenden –, wenn es dir gefällt, wenn es dir Spaß macht und wenn du deine Leidenschaft für etwas (aus)leben kannst. Zweitens werden diese Selbstzweifel, verbunden mit Angst und Unsicherheit, immer wieder aufkommen. Gib ihnen zunächst Raum in deinem Kopf, lasse aber keinesfalls zu, dass sie sich dort einnisten, sondern sage ihnen ganz bewusst und bestimmt, dass du stärker bist als alle Zweifel, dass deine Leidenschaft größer ist und du zusammen mit ihr alles erreichen kannst und wirst.

Leidenschaft alleine ist meistens aber zu wenig. Vor

allem dann, wenn der Weg länger dauert als geplant und Herausforderungen, insbesondere unerwartete und unvorhergesehene Hindernisse, auftreten. Es ist normal, dass deine Selbstzweifel wieder anklopfen und Ängste und Unsicherheiten streuen möchten. Lass dir deine Leidenschaft aber nie nehmen, nicht von deinen negativ behafteten Gedanken und schon gar nicht von anderen Menschen. Besinn dich weiterhin auf deine Stärken, deine Motivation, warum du begonnen hast, warum du dich auf diesen Pfad begeben hast und wofür es sich lohnt, weder jetzt noch bei der nächsten aufkommenden Kurve aufzugeben, sondern weiterzugehen. Mache dir bewusst, warum es sich für dich lohnt, weiterzumachen. Erinnere dich daran, dass deine Leidenschaft so viel größer ist als deine Selbstzweifel und Unsicherheiten und stups deine Motivation wieder mit deiner Leidenschaft an. Die beiden werden sich danach die Hand geben und die Reise gemeinsam über die entstandene Kurve weitergehen.

Um deine Motivation und Leidenschaft zu unterstützen, hast du noch deinen Mut, den du bisher bestimmt viel zu selten in dein Leben gelassen hast. Mut zu haben bedeutet nicht zwingend, einen Fallschirmsprung zu machen oder von einem zehn Meter hohen Turm ins Wasser zu springen.

Mut bedeutet auch nicht, keine Angst zu haben. Du kannst mutig sein, obwohl du Angst hast. Ich beschreibe Mut zusätzlich gerne als Entschlossenheit. Bist du entschlossen, deine Komfortzone zu verlassen, etwas Neues auszuprobieren oder in dein Leben zu lassen, sowie entschlossen, neuen Herausforderungen zu begegnen und neue Dinge umzusetzen, nenne ich das mutig. Du bist mutig, weil du losgehst, weil du diesen ersten Schritt aus deiner Komfortzone machst und weil du dich traust, etwas Neues zu beginnen. Du kannst dabei deine Unsicherheiten trotzdem spüren und ängstlich vor neuen Situationen sein. Mut schließt Angst nicht aus. Du kannst deinen Mut und deine Ent-schlossenheit aber über deine Angst stellen. Denn al-les, was in einer Hierarchie oben ist, ist grundsätzlich mächtiger. So kann dein Mut deiner Angst sozusagen Aufgaben erteilen, ihr die Grenzen aufzeigen und sei-ne Macht dadurch ausspielen. Mutig zu sein bedeutet außerdem, dass du Abweichungen und Fehler in Kauf nimmst. Du bist entschlossen zu handeln, indem du weißt, dass du genauso scheitern kannst. Dein Mut und deine Entschlossenheit werden dich aber nicht erst am Ende deines Ziels, sondern bereits mit Beginn der ersten Schritte und während deiner gesamten (neuen) Reise belohnen und mit Stolz erfüllen.

Mutig zu sein bedeutet auch, stark und selbst-bewusst zu sein. Du bist einerseits stark und selbst-bewusst, wenn du deinen Mut einsetzt, und dein Mut verhilft dir andererseits zu neuen Stärken und größe-rem Selbstbewusstsein. Hört sich toll an, oder?! War-um wird Mut als Eigenschaft und Fähigkeit, die Welt positiv zu beeinflussen und zu verändern, so wenig eingesetzt? Weil Menschen Angst haben. Angst haben, Fehler zu machen. Angst haben, sichtbare Fehler zu machen. Angst vor den Meinungen anderer. Angst vor dem Nichterfüllen der Erwartungen anderer. Du darfst Angst haben, aber nie Angst davor, Fehler zu machen oder sichtbare Fehler zu machen. Du kannst deinen

Mut ab jetzt ganz einfach einsetzen, indem du dir, wie oben beschrieben, deine eigene Hierarchie bildest und ihn oberhalb deiner Angst platzierst. Wichtig: Die Angst vor Fehlern und die Angst vor der Meinung anderer Menschen hat in dieser Hierarchie keinen Platz. Darüber hinaus hast du keine Angst mehr vor Fehlern, da du deine Fehlerkultur bereits entwickelt hast und deine Abweichungen aktiv und ehrlich mit dir selbst und mit anderen kommunizierst. Mutig zu sein bedeutet nämlich auch, die Erwartungen anderer auszublenden und deine eigenen Erwartungen, Ansprüche und Bedürfnisse aktiv an erster Stelle zu positionieren.

Mut zu haben umfasst darüber hinaus deine Eigenschaft und Fähigkeit, dass du eher das Gute und das Positive sowie Chancen in deinem Leben siehst. Menschen, die sich gerne hinter ihrer Fassade und ihren Fehlern verstecken, halten oftmals an ihrer Vergangenheit, in der sie womöglich das eine oder andere Mal gescheitert sind, fest. Diese Menschen sehen eher das Schlechte und Negative sowie alle möglichen Herausforderungen oder Konsequenzen, die kommen könnten. Aber: No risk, no fun. Zumindest erfährst du ohne Risiko und ohne deinen Mut nie, was hätte sein können, wie du dich hättest entwickeln können und wie das Ziel deiner Träume und Wünsche in deiner Realität, in deinem Leben, gewesen wäre. Bist du mutig, bist du auch resilient, das heißt widerstandsfähig. Du bist resilient, weil du die Hürden und Schwierigkeiten aus deiner Vergangenheit annehmen und sie als nicht mehr veränderbaren Zustand akzeptierst. Du kannst mit ihnen umgehen, du hast deine Erfahrungen mit ihnen und durch sie gemacht und du nimmst sie an, indem du dich nicht von ihnen weder in deiner Gegenwart noch in deiner Zukunft beeinflussen lässt. Du weißt, dass sie Teil deines Lebens waren, aber nicht mehr sein werden. Du entleerst sozusagen deinen Rucksack, bevor er zu schwer wird.

Probleme und Missverständnisse kannst du durch den Einsatz deines Mutes oft sehr schnell lösen und aus der Welt schaffen. Du kannst in jeder Lebenssituation und in jedem Lebensbereich mutig sein. Mut bedeutet genauso Ehrlichkeit und aktives Handeln: Machen statt warten, Probleme ansprechen statt schweigen, hinsehen und Fokus statt Augen zu und warten. Visualisiere dir immer deine Hierarchie, in der du deinen Mut, deine Entschlossenheit und deine Motivation sowie Leidenschaft immer über deine Angst, deine Selbstzweifel und Unsicherheiten platzierst. Die oberen Ebenen erteilen Aufgaben und Weisungen an die unteren Ebenen und nicht umgekehrt!

Die Welt braucht mehr Mut, mehr Menschen mit großer Leidenschaft und mehr Menschen, die an ihre Träume glauben und an ihren Zielen arbeiten und sie aktiv verfolgen. Die Welt braucht dich, indem du entschlossen bist, für dich selbst einzustehen, deinen eigenen Wert zu kennen und deine Meinung unabhängig von Erwartungen anderer anzusprechen und zu vertreten. Die Welt braucht dich, indem du fokussiert bist, Chancen zu sehen, und indem du mutig bist, sie wahrzunehmen und nachhaltige Entscheidungen in und für dein Leben zu treffen. Die Welt braucht dich, indem du mutig bist, obwohl du gleichzeitig Angst hast, aber es trotzdem versuchst, weil du an dich und deine Stärken glaubst und dir selbst und deinen Fähigkeiten vertraust.

Ich bin mutig, indem ich dieses Buch geschrieben und veröffentlicht habe, obwohl meine Selbstzweifel und Unsicherheiten mich begleitet haben. Ich habe sie in meiner Hierarchie aber genauso meiner Entschlossenheit und meinem Mut sowie meiner Motivation und Leidenschaft untergeordnet. Ich habe meinem Mut erlaubt, meinen Selbstzweifeln Raum zu geben, aber ihnen und meinen Ängsten ihre Grenzen aufzuzeigen. Ich habe meinen Mut als willensstarke Frau dargestellt, die entschlossen ist, ihr Leben aktiv und bewusst zu leben, die aktiv Entscheidungen trifft, die sich erlaubt, sich selbst weiterzuentwickeln, und die weiß, dass sie wieder hinfallen wird. Ich werde danach aber, genauso wie du, kurz ausruhen, tief ein- und ausatmen und dann wieder aufstehen, meine Lebensbegleiter zusammenrufen, sie wieder richtig anordnen, platzieren und mit ihnen weitergehen.

Mut umfasst so vieles. Bringst du deine Motivation, deine Leidenschaft und deinen Mut in dein Leben, wirst du alles erreichen, was du erreichen möchtest. Du wirst manchmal scheitern, aber du wirst wachsen, weil du mutig bist, Herausforderungen aktiv anzunehmen und dich durch Erfahrungen weiterzuentwickeln. Über dieser Ebene stehen ganz oben noch deine Disziplin und Willenskraft, die dir im Mittelpunkt deines Dreiecks und allen Dreiecksecken gegenüber weisungsbefugt sind. Trau dich, alle Faktoren in deinem Leben aktiv einzusetzen, mit ihnen gemeinsam zu arbeiten und eine Beziehung nachhaltig zu entwickeln, in der gleichermaßen genommen und gegeben wird. Wenn du es schaffst, diese Beziehung nicht nur einzugehen, sondern langfristig aufzubauen und nachhaltig zu pflegen, entwickelst du dir deine innere Balance, die deine (mentale) Gesundheit aktiv und nachhaltig stärkt.

Starte jetzt, weil du mutig sein möchtest und weil du mutig bist. Du zeigst ab jetzt vor allem dir selbst gegenüber Mut, weil du weißt, dass deine Entschlossenheit dich immer mit Erfolg belohnen wird; denn Erfahrungen bedeuten Erfolg. Jede Erfahrung ist ein Erfolg. Wenn du für alle Erfahrungen dankbar bist, kannst du für dich und deinen weiteren Weg immer den größtmöglichen Nutzen mitnehmen.

Übungen

▶ **Einen Brief an dich selbst schreiben:**
Nicht digital, sondern mit deiner persönlichen Handschrift.
Schreibe alle deine Träume auf. Du kannst Sätze formulieren,
sie mit Aufzählungszeichen versehen oder sie zeichnerisch
darstellen. Das bleibt ganz dir und deiner Persönlichkeit
überlassen. Schreibe wirklich alle Träume auf, auch solche,
die dir vielleicht klein erscheinen. Es gibt kleine Träume, aber
es gibt keine zu kleinen Träume. Gleichzeitig träume groß. Es
gibt große, vielleicht anfangs unrealistisch scheinende
Träume, aber nie zu große Träume. Nimm dir also ein A4-
Blatt, deinen Lieblingsstift, zusätzlich eventuell bunte Stifte,
Textmarker oder Sticker dazu, und schreibe oder zeichne
ALLE deine Träume auf dieses Blatt Papier. Im Anschluss
falte das Blatt und gib es in ein Kuvert. Klebe das Kuvert
zu, als würdest du den Brief aufgeben und wegschicken.
Adressiere den Brief an dich selbst und vermerke das
Datum, an dem du den Brief wieder öffnen möchtest. Das
kann zum Beispiel der erste Tag in einem neuen Jahr
sein, dein Geburtstag, Weihnachten oder ein Tag XY in
einem bestimmten Monat. Den Tag, den Monat und das
Jahr bestimmst du individuell. Ich schlage dir einen
Zeitraum innerhalb der nächsten ein bis drei Jahre vor.
„Verstecke" den Brief gut, aber nur so gut, dass du ihn an
diesem von dir ausgewählten Datum wieder findest.
Alternativ kannst du ihn dir auch per Post schicken.

● Denke beim Aufschreiben oder Aufzeichnen deiner
Träume unbedingt daran, dass es keinen zu kleinen und
auch keinen zu großen Traum gibt. Wenn du etwas in
deinen Gedanken formen, dir für deine Realität
visualisieren kannst und dir tief in deinem Inneren

wünschst, notiere diesen Wunsch als Traum auf dieses
Blatt Papier.

- Öffne den Brief direkt nach dem Verpacken und
  Zukleben des Kuverts in Gedanken an diesem von
  dir notierten Tag in deiner Zukunft. Erinnere dich,
  dass dein Zukunfts-Ich gemütlich auf deiner rechten
  oder linken Schulter sitzt. Dein Zukunfts-Ich ist
  mit deinen Träumen vertraut. Es möchte dir nun in
  deinen Vorstellungen und mit der Kraft der Gedanken
  deine aufgeschriebenen Träume wahr werden lassen.
  Schließe dabei deine Augen und öffne in Gedanken
  diesen soeben verfassten Brief an dem von dir
  gewählten Datum. Du bist nun genau an diesem
  Tag angekommen. Dieser Tag ist in Gedanken bereits
  deine Gegenwart. Visualisiere dir nun die Erfüllung
  deiner Träume. Beobachte dich dabei, wie du deine
  Ziele zukünftig erreichst. Nimm deine Gefühle auf
  dem Weg zum Ziel und beim Erreichen deiner Träume
  wahr. Speichere sie dir in deinem Bewusstsein ab. Wenn
  du alle aufgeschriebenen Träume in deinen Gedanken
  und mit deinem Zukunfts-Ich erreicht hast, komme
  langsam wieder zurück in deine jetzige Gegenwart.
  Öffne langsam wieder deine Augen und strecke dich
  gut durch. Trink einen Schluck Wasser und sammle dich.
  Was geht dir nun durch den Kopf? Wie fühlst du dich?
  Motiviert und mutig, für deine Träume loszugehen?
  Du weißt, wie das Ergebnis sein soll, und du hast dich
  selbst davon überzeugt, dass du deine Träume
  erreichen wirst. Du kannst dir deine Gefühle und
  momentanen Gedanken zusätzlich aufschreiben
  und auf den Brief anheften. Und nun lege den Brief
  mit einem Lächeln und mit Vorfreude auf einen von dir

ausgewählten Platz. Deine Motivation, deine Leidenschaft und dein Mut sind nun so auf deinem momentan höchsten Punkt angekommen. Bündle sie gut, stecke sie in deine Hosentasche und gehe gemeinsam mit ihnen los.

▶ *Träume aktiv visualisieren und aufschreiben:*
Du wirst deine Träume erreichen, aber du wirst schon auf dem Weg zu deinen heutigen Zielen neue Träume formen. Durch deine persönliche Weiterentwicklung, deinen bestimmten und aktiven Einsatz und die Stärkung deines Mindsets werden ständig und immer wieder neue Träume in deinem Kopf auftauchen. Du kannst dir gerne einen zweiten Brief schreiben, unabhängig davon, ob der erste schon geöffnet ist oder nicht. Alternativ empfehle ich dir, jeden neuen Traum auf ein kleines Blatt Papier (zum Beispiel auf ein Blatt aus einem kleinen Notizblock) oder auf ein Post-it zu schreiben oder aufzuzeichnen, kreativ zu gestalten und mit Datum (zumindest mit dem Jahr) zu versehen. Klebe deine neuen Träume in die erste oder letzte Seite deines Kalenders oder klebe sie dir mit Magnetsteinen auf eine Magnettafel oder den Kühlschrank. Du kannst sie auch zusammenfalten und in ein verschließbares Glas geben. Beschrifte dieses Glas liebevoll mit „Meine Träume" oder „Mein Leben" oder mit deinem Namen. Deiner Kreativität sind hierbei keine Grenzen gesetzt. Stelle dir dieses Glas an einen Ort, wo du es öfter sehen kannst, zum Beispiel auf deinen Nachttisch oder auch in die Küche. Jedes Mal, wenn du das Glas siehst oder die Post-its auf dem Kühlschrank, visualisierst du dir, wenn auch manchmal nur unbewusst, diesen Traum.

Denk daran: Alles ist möglich. Jeden Traum kannst du selbst wahr werden lassen, wenn du den Mut hast, ihm zu folgen. Durch die Visualisierung deiner Träume durch aktives Aufschreiben und die aktive Visualisierung in deinen Gedanken erlebst du bereits die Erfüllung deiner Träume und Erreichung deiner Ziele. Das erleichtert dir nun deinen Weg dorthin und vor allem ist dein Warum für deine Träume in deinen alltäglichen Gedanken nun sehr präsent. Auch wenn du mal von deinen Selbstzweifeln und Unsicherheiten begleitet wirst, dein präsentes und starkes Warum wird deine Motivation, deine Leidenschaft und deinen Mut sofort wieder aktivieren und nach einer kurzen Pause, Erholung und einem Abstand mit dir gemeinsam weitergehen.

Traue dich, deine Bedürfnisse nicht nur wahrzunehmen, sondern endlich zu leben. Träume sind Wünsche, die in deinem Inneren schon länger existieren und die du selbst bisher nicht greifen konntest; entweder durch fehlenden Mut, Motivation, negativ behaftete Glaubenssätze, Erwartungen oder Meinungen anderer. Nun aber hast du aus deinen Träumen Ziele geformt, du hast sie aktiv aus deinem Kopf in dein Leben gelassen.

Deine wichtigsten Learnings und was du mitnimmst

Um Träume in dein Leben zu lassen, musst du sie greifbar machen. Du musst sie als Ziele definieren. Der Weg von den Träumen hin zu den Zielen ist dein Leben.

Merke:

Träume passieren nicht einfach so. Ziele geben deinen Träumen deine Richtung im Leben. Auf dem Weg zu deinen Zielen lernst du dich selbst kennen und entwickelst dich weiter. Du beginnst auf diesem Weg aktiv zu leben.

Du wirst in deiner Komfortzone nur bedingt und zu einem gewissen Grad erfolgreich werden, denn sie ist langfristig durch Einseitigkeit und Langeweile geprägt. Du kannst dein Glück und dein (mentales) Wohlbefinden in deiner Komfortzone nicht ausweiten. Durch das Verlassen deiner Komfortzone schaffst du dir einen größeren Raum für dich, deine Möglichkeiten, deine Fähigkeiten und deine Träume. Wenn du immer das tust, was du schon kannst, bewegst du dich nicht vorwärts. Du trittst auf der Stelle und um dich herum ist alles immer dasselbe. Du kannst dein Potenzial nur bis zu einem gewissen Grad entfalten, aber nicht weiter. Deine Neugierde wird nicht gestillt werden.

Merke:

Neues kennenzulernen lässt nicht nur deinen Horizont wachsen, sondern vor allem dich selbst. Die Komfortzone verlassen und Neues kennenzulernen sind genau die Dinge, an denen du am meisten wachsen kannst und wachsen wirst, wenn du es zulässt, wenn du dich darauf einlässt und dich trotz aller Unsicherheiten, Herausforderungen und Selbstzweifel auf eine neue Reise begibst und Neues ausprobierst.

Eine Motivation entsteht immer durch ein bestimmtes Bedürfnis, durch einen Wunsch oder einen Traum. Deine innere Motivation bist ganz du selbst. Äußere Motivationsfaktoren können dir zusätzlichen Antrieb geben. Manchmal kommt die Motivation erst nach Erledigung einer Aufgabe oder Tätigkeit. Du erlebst und erfährst sie dann erst gemeinsam mit deinem Erfolg, den du mit einer Aufgabe oder Tätigkeit erreicht hast.

Deine Leidenschaft und deine Motivation beeinflussen sich gegenseitig. Machst du etwas aus voller Überzeugung und machst du etwas gerne, bist du automatisch motiviert. Kannst du dich für etwas langfristig und nachhaltig motivieren, wächst deine Leidenschaft. Zur Unterstützung deiner Motivation und Leidenschaft braucht es Mut. Mut umfasst so Vieles. Bringst du deine Motivation, deine Leidenschaft und deinen Mut in dein Leben, wirst du alles erreichen, was du erreichen möchtest. Du wirst manchmal scheitern, aber du wirst wachsen, weil du mutig bist, Herausforderungen aktiv anzunehmen und dich durch die Erfahrungen weiterzuentwickeln.

Merke:

Mut in deinem Lebensalltag bedeutet, Dinge zu machen, die du machen möchtest, obwohl du ängstlich und unsicher bist und egal, ob es dein Umfeld macht oder ob es von dir erwartet wird, und egal, ob du schon mal gescheitert bist. Mut zu haben und Mut zu zeigen bedeutet vor allem, dich selbst weiterzuentwickeln, dir selbst zu zeigen, dass du es schaffst, weil du es schaffen möchtest.

„Die Zukunft gehört denen,
die an die Wahrhaftigkeit ihrer
Träume glauben."

(Eleanor Roosevelt)

„Du wirst als Mensch nur wachsen,
wenn du dich außerhalb deiner
Komfortzone befindest."

(Percy Cerutty)

„Ich habe gelernt, dass Mut nicht die Abwesenheit von Furcht ist, sondern der Triumph darüber. Der mutige Mann ist keiner, der keine Angst hat, sondern der, der die Furcht besiegt."

(Nelson Mandela)

Ich beeinflusse mein Glück durch Geben und Nehmen

Komplimente, Wertschätzung und Anerkennung aussenden und empfangen

Komplimente, Wertschätzung und Anerkennung bedeuten Aufmerksamkeit und Respekt. Ein respektvoller Umgang umfasst einen wertschätzenden Umgang und eine anerkennende Haltung gegenüber anderen Menschen, aber auch und vor allem sowie immer zuerst gegenüber dir selbst. Wann hast du zum letzten Mal ein Kompliment ausgesendet und wann eines empfangen? Wann hast du dir selbst zum letzten Mal ein Kompliment gemacht?

Komplimente, Wertschätzung und Anerkennung sind drei Faktoren, die sowohl die Psyche als auch die Seele von uns Menschen positiv beeinflussen. Sie lösen einerseits Glücksgefühle und Stolz in dir aus und sind langfristig und nachhaltig maßgeblich beim Aufbau deines Selbstbewusstseins und bei der Steigerung deines positiven Selbstwertgefühls beteiligt und dafür verantwortlich. Wie hast du dich gefühlt, als dich das letzte Mal jemand gelobt hat? Welche Gefühle hat es beim letzten Mal in dir ausgelöst, als dir jemand wertschätzende und anerkennende Worte zuteilwerden ließ? Wenn wir ein Kompliment bekommen, sind wir stolz, freuen uns und fühlen uns und unsere Taten wahrgenommen. Warum zeigen und leben wir dann nicht mehr Anerkennung anstatt Neid und Missgunst in unserem Alltag?

Durch ein Kompliment, durch einen wertschätzenden Umgang sowie durch Anerkennung gibst du anderen Menschen und dir selbst das Gefühl, dass du die erbrachte Handlung, Leistung und Tätigkeit aktiv und ehrlich gesehen hast und dieser sowie dem Menschen hinter der Leistung Respekt zollst. Diese Wertschätzung oder ein Kompliment muss nicht erst bei Zielerreichung stattfinden, sondern kann und soll vor allem schon am Weg dorthin auftreten. Komplimente und Anerkennung steigern nicht nur dein Selbstbewusstsein und dein positives Selbstwertgefühl, sondern in hohem Maße auch deine Motivation, oft auch deinen Mut, und können Selbstzweifel und Unsicherheiten sehr schnell beiseiteschieben. Hörst du nette Worte und ein Lob deines Chefs, wirst du mit viel mehr Motivation und Leidenschaft die Aufgabe erledigen, was wiederum ein besseres und meistens auch ein schnelleres Ergebnis zur Folge hat. (Wichtiger Reminder an dieser Stelle für Führungskräfte!)

Die Kultur der Wertschätzung und Anerkennung geht ein bisschen einher mit deiner Fehlerkultur. Die ehrliche Kommunikation deiner Fehler sowie die ehrliche Anerkennung der Fehler von anderen umfasst aktive Anerkennung und Wertschätzung. In deiner etablierten Fehlerkultur kannst du die Fehler der anderen sowie deine eigenen als Abweichungen wahrnehmen und akzeptieren und bringst durch ehrliche Kommunikation deine Wertschätzung gegenüber dir selbst und gegenüber anderen Menschen mit. Darüber hinaus benötigt die Kultur der Wertschätzung und Anerkennung sowie auch die Fehlerkultur eine ehrliche und aufrichtige Kommunikationsbasis. Wir können nicht nicht kommunizieren. Schaffst du dir eine ehrliche Basis und einen aktiven Umgang mit deiner Kommunikation, gehst du in die Richtung der Anerkennung und der Wertschätzung. Bestimmt hast du schon öfter herablassende Blicke, Getuschel oder Neid und Missgunst erfahren müssen. Diese Art der Kommunikation kann hier als nicht wertschätzend, als respektlos und niederschwellig bezeichnet werden. Die Kommunikation durch Mimik und Gestik sowie durch deine Haltung sagt im ersten Schritt bereits sehr viel über Anerkennung und Wertschätzung aus.

Ein Kompliment im Alltag tut der Seele gut. Meistens sind es nicht die großen Komplimente für herausragende Tätigkeiten, die uns mit Freude und Stolz erfüllen, sondern eher die alltägliche Anerkennung für alltägliche Dinge in alltäglichen Situationen. Außerdem freust du dich nicht nur über ein Lob und eine wertschätzende Haltung deines Vorgesetzten, sondern insbesondere auch über das Kompliment eines Arbeitskollegen, deines Partners oder deiner Eltern. Wenn du dir nun denkst, dass du zu wenig Anerkennung im Alltag von anderen erfährst und zu wenig Komplimente erhältst, frage dich nun im ersten Schritt, wann und wie oft du selbst Komplimente gibst beziehungsweise das in letzter Zeit getan hast; und im zweiten Schritt,

ob du dir selbst schon einmal ein Kompliment gemacht hast und wie wertschätzend dein Umgang mit
dir selbst im Alltag ist.

Du kannst nur etwas empfangen und erwarten, was
du selbst gibst und aussendest. Dabei ist es wichtig,
nicht einfach mal ein Kompliment rauszuhauen, sondern dir mit der Entwicklung deiner Kommunikationsbasis ehrliche und wertschätzende Komplimente zu
formulieren und direkt auszusenden. Direkt an dich
selbst und direkt an andere. Du kannst nur etwas empfangen, was du selbst aussendest; aber du kannst auch
an andere Menschen nur etwas aussenden und geben,
was du dir selbst gibst und auch bereit bist, selbst zu
geben. Du lebst von innen nach außen. Ein wertschätzender Umgang mit dir selbst führt dich zu einem
wertschätzenden Umgang mit anderen. Kannst du dir
selbst Komplimente machen und diese vor allem auch
aktiv empfangen und annehmen, schaffst du es auch
viel leichter, Neid und Missgunst aus deinem Leben zu
verbannen und ehrliche Anerkennung anderen gegenüber zu zeigen.

Du bestimmst deinen Selbstwert und dein Selbstwert bestimmt dich. Lass dir nie von den Erwartungen
anderer und deren Meinung dein Selbstwertgefühl negativ beeinflussen oder sogar steuern. Du kannst dein
positives Selbstwertgefühl selbst aufbauen und stärken und in weiterer Folge den Selbstwert von anderen
Menschen positiv beeinflussen und mitformen. Dein
gesundes Selbstwertgefühl ist positiver Natur und bestärkt dich darin, deine Träume zu leben, für deine Ziele zu arbeiten und deine Stärken einzusetzen. Dieses

Gefühl ist ein realistisches Gefühl. Es lässt dich deinen Wert erkennen, zeigt dir aber auch deine Schwächen. Du versuchst nicht deine Schwächen zu verstecken, sondern kannst sie mit diesem Gefühl aktiv annehmen und ihnen sogar die Chance geben, sich weiterzuentwickeln und eventuell zu neuen Stärken zu werden. Du siehst dich im Mittelpunkt deines Dreiecks als Ganzes. Dein Körper, dein Geist und deine Seele an den Ecken und deine Stärken, deine Schwächen, deine Motivation, dein Mut, deine Angst, deine Unsicherheiten, deine Selbstzweifel und deine Disziplin sowie dein Wille, deine Träume und deine Ziele in einer Blase rundherum. Dein positives Selbstwertgefühl wird durch dich selbst geformt und entwickelt sowie langfristig und nachhaltig aufgebaut. Durch Komplimente, anerkennende und wertschätzende Worte und Taten wird dieser nachhaltige Aufbau immer wieder unterstützt und gestärkt; dein Selbstwertgefühl wird gestärkt und du selbst wirst gestärkt.

Komplimente machen, aber wie, wann und wo? Komplimente können unterschiedlich sein und sind mit ihrer Wirkung nicht nur für den Empfänger wertvoll, sondern auch für den Aussender selbst. Grundvoraussetzung dafür ist, dass du dir erlaubst, Komplimente aktiv anzunehmen, dich ehrlich darüber zu freuen und diese anerkennende Freude dir selbst oder dem Menschen, der dir ein Kompliment macht, zu zeigen. Wichtig dafür ist, dass du dir aktiv und bewusst erlaubst, dass du Komplimente erhalten darfst, dass du es wert bist, Lob und Anerkennung zu erfahren und dass du jede Wertschätzung, die du erhältst, annehmen darfst, ohne zu hinterfragen. Vielen Menschen fällt es tatsächlich schwer, Komplimente überhaupt anzunehmen, weil sie dieses positive Selbstwertgefühl nicht kennen. Mangelndes Selbstwertgefühl geht oft einher mit den negativen Glaubenssätzen, wie „Ich bin nicht gut genug", „Andere können das besser", „Die Meinung der anderen zählt mehr". Dieses negative Selbstwertgefühl wird dadurch maßgeblich beeinflusst und in deinem Inneren etabliert. Du bist gut genug. Du kannst das mindestens genauso gut wie andere; wenn andere etwas besser können, haben sie entweder lediglich eine höhere Expertise darin oder mehr Erfahrungen damit. Deine Meinung ist wichtig, du bist wichtig und deine Meinung zählt genauso viel wie die der anderen. Erkenne deinen Wert, baue dir dein positives Selbstwertgefühl auf, indem du dir selbst jeden Tag Komplimente machst, in jeder herausfordernden Situation Anerkennung gibst und dir selbst vor allem ehrlich und wertschätzend vertraust. Denk daran: Nur was du dir selbst bereit bist zu geben, wirst du zurückbekommen.

Vertrauen ist auf deiner Lebensreise eine wichtige Fähigkeit, die du dir selbst gegenüber unbedingt etablieren darfst. Erlaube dir, dir selbst und deinen Fähigkeiten zu vertrauen. Vertraue darauf, dass jedes Gefühl, jede Emotion, jede Herausforderung und jede Chance aus einem bestimmten Grund in deinem Leben zu dir kommt und dich erreicht. Vertrauen hängt mit deinem positiven Selbstwertgefühl genauso zusammen wie mit deiner Motivation, deinem Mut und deiner Leidenschaft. Kannst du dir selbst, deinen Stärken, deinen Fähigkeiten vertrauen und kennst deinen Wert, wirst du Herausforderungen und Schwierigkeiten viel besser meistern, weil du durch das Vertrauen in dich selbst deine innere Grundmotivation entwickeln kannst und dadurch deinen Mut über deiner Angst und deinen Selbstzweifeln platzierst. Denke an deine Hierarchie.

Vertrauen basiert ebenso auf der Grundlage deiner Dankbarkeitskraft. Kannst du die Kraft deiner Dankbarkeit für jede Herausforderung und Schwierigkeit in deinem Leben sowie für jede Chance aktiv einsetzen und bewusst leben, kannst du auch dein Vertrauen in dich selbst und in dein Leben stärken und nachhaltig aufbauen. Vertrauen ist zum einen ein Gefühl und zum anderen eine Fähigkeit, die die Bindung zu dir selbst aufbaut und stärkt und dich in deinem Handeln unterstützt. Dein Vertrauen entwickelt sich ebenso durch Anerkennung und Wertschätzung dir selbst gegenüber. Du kannst es also durch Komplimente positiv beeinflussen und nachhaltig etablieren und stärken. Du baust Vertrauen zu anderen Menschen auf, wenn du dich in ihrer Umgebung wohlfühlst, du dich auf sie verlassen kannst und sie einen wertschätzenden Umgang sowie eine respektvolle Kommunikation mit dir pflegen. Genauso baust du dir auch dein Vertrauen mit und zu dir selbst auf. Das ist besonders für die Verwirklichung deiner Träume, für deinen Mut und deine Motivation, aber auch für die Entwicklung deiner Vertrauensbasis zu anderen Menschen wichtig. Schaffst du es nicht, dir selbst zu vertrauen, wirst du auch nicht deinem Partner, deiner Freundin oder deinen Eltern Vertrauen entgegenbringen können. Schaffst du es nicht, dir selbst zu vertrauen, wirst du dich nur schwer motivieren können, deine Träume in dein Leben zu lassen, und nur schwer deinen Mut fassen können, sie als

Ziele zu visualisieren und den Herausforderungen auf dem Weg zur Zielerreichung zu begegnen. Außerdem schafft dir dein Vertrauen eine Grundlage, die dir deine Stärken und deine Fähigkeiten aufzeigt sowie deine ehrliche und anerkennende Fehlerkultur und Kommunikationsbasis begleitend aufbaut und mitformt. Nur, wenn du dir selbst Vertrauen entgegenbringen kannst, kannst du Fehler dir selbst und anderen gegenüber ehrlich kommunizieren und gleichzeitig und trotzdem Wertschätzung und Anerkennung zeigen.

Schenke dir selbst Vertrauen und entwickle und stärke dein positives Selbstwertgefühl und somit dein Selbstbewusstsein, indem du dir und deinen Gedanken aktiv erlaubst ...

... an dich, deine Stärken und deinen Erfolg zu glauben,

... deine Dankbarkeitskraft in jeder für dich positiven und negativen Situation zu leben,

... deine Ideen, Gedanken und Träume in dein Leben zu lassen,

... Chancen wahrzunehmen und Herausforderungen anzunehmen,

... deine Komfortzone zu verlassen,

... deine Vergangenheit zu akzeptieren und als einen Teil von dir anzunehmen, aber nicht mehr mitzunehmen,

... Neid und Missgunst durch Wertschätzung
und Anerkennung zu ersetzen,

... Gefühle nicht zu unterdrücken, sondern sie
alle zuzulassen,

... deine Ziele trotz aller Schwierigkeiten,
Unsicherheiten und Herausforderungen aktiv
zu verfolgen,

... dir selbst und anderen Komplimente zu machen,

... die Erwartungen anderer auszublenden und
deinen eigenen Erwartungen gerecht zu werden,

... deine Meinung als wichtig anzusehen und sie
zu kommunizieren,

... dich selbst zu feiern, auf dich selbst stolz zu sein
und deinen Erfolg wahrzunehmen,

... dafür einzustehen, dich mit dir selbst und
deiner mentalen Gesundheit zu beschäftigen,

... dich selbst zu priorisieren und zu
kommunizieren, dass das nicht egoistisch,
sondern notwendig ist.

Liebe geben und Liebe nehmen zur Stärkung der (mentalen) Gesundheit

Liebe ist für deine (mentale) Gesundheit und vor allem für dein (mentales) Wohlbefinden eine der wichtigsten Komponenten während deines gesamten Lebens und kann als die stärkste Form von Wertschätzung und Anerkennung angesehen werden. Du erfährst die Liebe deiner Eltern und Großeltern als Kind, die Liebe in deinen ersten Freundschaften, die erste große Liebe als Jugendliche beziehungsweise junge Erwachsene und hoffentlich die große Liebe von deinem Seelen- und gleichzeitig Lebenspartner im Laufe des Lebens. Gleichzeitig gibst auch du selbst deine Liebe an deine Eltern, Großeltern, Freunde und Partner weiter. Aufrichtige Liebe zu bekommen, wahrzunehmen und zu spüren ist vermutlich nicht nur eines der schönsten Dinge, sondern langfristig auch eines der wichtigsten Dinge in und für dein Leben, für dein (mentales) Wohlbefinden und nachhaltig für deine (mentale) Gesundheit. Du kannst eine erfolgreiche Karriere hinlegen oder einen Marathon nach dem anderen laufen, einen Wettkampf nach dem anderen gewinnen, wenn du deine Erfolge, deine Meilensteine und deine Freude mit niemandem im Leben teilen kannst, sind sie irgendwann und langfristig gesehen meistens nur halb so viel wert.

Wir alle streben nach Erfolg und nach Liebe. Der Unterschied zwischen diesen zwei Bestrebungen ist allerdings, dass Erfolg den kleineren und Liebe den größeren Teil deines Lebens bildet. Die Liebe ist immer zuerst da. Du liebst es, Dinge zu tun, du steckst Liebe in bestimmte Aufgaben hinein und bekommst Liebe, auch in Form von Erfolg, zurück. Du kannst erst dann erfolgreich sein, wenn du deine Arbeit und dein Tun mit Liebe ausübst, wenn du so viel Liebe hineinsteckst, dass es besser wird, als es gestern war. Dein Erfolg, deine Beziehungen, deine (mentale) Gesundheit und dein ganzes Leben basieren auf Liebe. Wenn du etwas gerne machst, bekommst du ein liebevolles, gutes Ergebnis. Wenn du Liebe an deine Mitmenschen weitergibst, sei es nur in Form eines kleinen Komplimentes oder in Form einer Unterstützung, Hilfestellung oder Anerkennung, wirst du Liebe zurückbekommen, sei es durch ein wertschätzendes Lächeln, durch eine Umarmung, durch ein lautes Danke, durch eine Einladung zum Essen usw. Wenn du aber umgekehrt keine Liebe geben kannst oder nicht bereit bist zu geben, darfst du auch nicht erwarten, sie zu bekommen.

Erlaube dir, dich selbst zu lieben. Selbstliebe ist die höchste Form der Selbstwertschätzung und Selbstanerkennung. Dich selbst zu lieben bedeutet, deinen Wert zu kennen, deine Stärken und Fähigkeiten einzusetzen und deine Schwächen anzunehmen und zu zeigen. Selbstliebe bedeutet auch die Entwicklung deiner eigenen ehrlichen Kommunikationsbasis und Fehlerkultur. Selbstliebe und Selbstbewusstsein kannst du unter dem Dach deines positiven Selbstwertgefühls unterbringen, denn beide sind Faktoren, die dieses Gefühl steigern und nachhaltig aufrechterhalten. Ich beschreibe den Begriff der Selbstliebe gerne mit dem englischen Wort „selfcare", was als „Selbstfürsorge" übersetzt werden kann. Du kümmerst dich und sorgst für dich selbst als Ganzes. Es schließt also einerseits mit ein, dass du dich selbst magst und annimmst und andererseits, dass du deine eigenen Befindlichkeiten, Vorlieben und Abneigungen wahrnimmst und in deinem Alltag pflegst. Selbstliebe bedeutet demnach nicht nur, deinen Körper zu lieben, sondern dich als Mittelpunkt deines Dreiecks und somit als Ganzes anzusehen, zu lieben und gut für dich selbst zu sorgen. Du kümmerst dich um alle drei Faktoren (die Ecken deines Dreiecks), deinen Körper, deinen Geist und deine Seele, die dich positiv beeinflussen und dich als Ganzes stärken. Es ist eine Wechselbeziehung und besteht aus Geben und Nehmen. Liebst du dich in deinem Körper, akzeptierst dich in deinem Körper und führst ihm wertvolle Nährstoffe zu, wird er für dich stark sein und dich langfristig durch das Leben tragen. Fütterst du deine Seele und deinen Geist mit guten Gedanken und etablierst dir deine Dankbarkeitskraft in und für deinen Alltag, fördern und steigern sie dein (mentales) Wohlbefinden und stärken dich als Ganzes.

Du empfängst Liebe, wenn du Liebe aussendest. Ich liebe mich zum Beispiel selbst dafür, wenn ich mir selbst und anderen Menschen etwas Gutes tue, eine Unterstützung im Alltag sein kann oder ein ehrliches, liebevolles Kompliment aussende. Gestern erst habe ich einem jungen Vater und seiner zirka fünfjährigen Tochter in einem überfüllten Supermarkt ein Produkt gezeigt, das sie vermutlich ewig lange oder zumindest um einiges länger gesucht hätten. Der Mann schenkte mir Liebe und Wertschätzung in Form eines breiten Lächelns, eines lauten Danke und sagte voller Freude über meine Unterstützung zu seiner Tochter: „Komm, wir haben es schon gefunden oder besser gesagt nicht wir" und grinste weiter. Solche Ereignisse kosten so wenig Zeit, so wenig Kraft und bewirken so viel, einerseits, in diesem Fall, bei Vater und Tochter, also beim Empfänger, und andererseits bei mir selbst, beim Aussender. Jeden Tag eine gute Tat sozusagen. Vergiss dabei nicht täglich mindestens eine gute Tat für dich selbst. Das war gestern meine. Ich habe Liebe in Form von Hilfe und Unterstützung gegeben und Liebe in Form von Anerkennung und Dankbarkeit zurückbekommen. Welche Liebe sendest du zu dir selbst aus? Welche Liebe gibst du dir selbst?

Die Liebe ist die Basis deines Lebens, deines Mindsets und deines (mentalen) Wohlbefindens. Liebe ist aber auch und vor allem die Basis für und in deinem Alltag. Beginnst du den Morgen mit Liebe und mit positiven und liebevollen Gedanken für den anstehenden Tag, wirst du mit großer Wahrscheinlichkeit einen guten Tag, aber vor allem einen besseren Tag erleben, als wenn du direkt beim Aufstehen Sorgen, Probleme und negative Gedanken schon am frühen Morgen entstehen lässt und negative Glaubenssätze entwickelst. Liebevolle Gedanken dir selbst gegenüber, anderen gegenüber und in und für bestimmte Situationen, Lebensphasen und Herausforderungen erleichtern dir den Umgang damit.

Der für mich wichtigste Ansatz, das stärkste und hilfreichste Tool zur positiven Beeinflussung deines (mentalen) Wohlbefindens im Alltag und zur langfristigen Aufrechterhaltung deiner (mentalen) Gesundheit, das du jeden Tag ganz einfach umsetzen und integrieren kannst, möchte ich dir nun hier und an dieser Stelle mitgeben: Gehe nie mit negativen und hasserfüllten

Gedanken über den vergangenen Tag zu Bett, sondern schüttle vor dem Schlafzimmer oder vor dem Bett immer alle Lasten, alle Probleme und alle Sorgen ab, sodass du dich von ihnen befreist und sie weder in die Nacht und in den Schlaf und schon gar nicht in den nächsten Tag mitnimmst. Nimm den vergangenen Tag an, gehe mit guten, schönen und liebevollen Gedanken schlafen, hülle sie sozusagen mit dir in die Bettdecke ein und lasse sie am nächsten Morgen mit dir aufstehen. Versuche dich ganz bewusst jeden Abend und Morgen daran zu erinnern, bis es irgendwann zur Gewohnheit und zu einer Selbstverständlichkeit wird, deinen Geist, deine Seele und deinen Körper von allem Negativen zu befreien und dir die Ruhe in der Nacht und in deinem Schlaf zu gönnen, um dich einerseits zu erholen und andererseits zu motivieren. Du hast deine Motivation immer in dir; das Wichtigste ist, sie zuzulassen und sie über deine Ängste, Unsicherheiten und Selbstzweifel zu stellen. Diese Art der Mindset-Stärkung kann und soll jeden Abend sowie jeden Morgen angewendet und bewusst und anfangs aktiv gemacht werden. Du wirst merken, dass das sowohl deine Erholung in der Nacht als auch deine Lebensenergie direkt am Morgen stärkt. Dein Körper und dein Geist können während der Schlaferholung sozusagen atmen, weil du sie davor von allem Negativen und allen Sorgen befreit hast. Durch dieses Aufatmen kann es in deiner Ruhephase zur tatsächlichen Erholung kommen. Daraus resultierend, wachst du nicht nur körperlich, sondern auch mental erholt am (frühen) Morgen auf, fühlst dich ausgeschlafen, motiviert und voller Energie für alle Aufgaben und Herausforderungen an dem neuen Tag.

Versuche, den vergangenen Tag, egal wie herausfordernd, energieraubend oder schlecht er für dich war, immer anzunehmen und ihn aktiv und bewusst abzuhaken. Lasse diese Negativität nicht länger für dich und in deinen Gedanken zu, sondern verbuche diesen Tag, indem du ihn, wie erwähnt, mit deiner Dankbarkeitskraft annimmst; dadurch kannst du deinen Körper und deinen Geist sowie deine Seele von negativen Erfahrungen befreien und diese Altlasten werden dich nicht weiterhin begleiten, sondern bleiben genau an und in diesem Tag stehen. Danach kannst du dir Motivation und Liebe für den neuen Tag, für alle anstehenden Aufgaben, für alle neuen Herausforderungen und für dich selbst entwickeln.

Übungen

- Schenke dir selbst direkt am Morgen ein aktives und ehrliches Lächeln. Am besten erledigst du das direkt nach dem Aufstehen oder alternativ, nachdem du dir dein Gesicht mit kaltem Wasser gewaschen hast und du dich klar im Spiegel sehen kannst. Mache dir das zu einer liebevollen Gewohnheit.

- Verschicke dein Lächeln an Freunde, Familie, Arbeitskollegen und Bekannte, entweder per WhatsApp (SMS) oder per E-Mail. Entweder du schickst tatsächlich nur einen Smiley :) oder du schreibst noch liebevolle Worte, wie „Ich glaube, du benötigst gerade ein Lächeln" oder „Ich schicke dir heute dieses Lächeln, einfach so" oder „Ich habe gerade an dich gedacht". Du versüßt damit nicht nur dem

Empfänger, sondern auch dir selbst den Tag, denn Komplimente austeilen macht mindestens genauso glücklich wie Komplimente empfangen. Zusätzlich erhältst du mit Sicherheit und zumindest in den meisten Fällen eine liebevolle und positive Reaktion zurück.

▶ Schenke dein Lächeln fremden Personen in der Straßenbahn, im Supermarkt oder einfach auf der Straße. Zusätzlich verteile ein ehrliches und nettes Kompliment an eine fremde Person. Beobachte dabei bewusst und aktiv die Gefühle deines Gegenübers und deine eigenen Gefühle.

▶ Schreibe dir verschiedene Komplimente einzeln und jeweils auf ein separates Blatt Papier auf. Ziehe jeden Morgen oder zumindest dreimal in der Woche einen Zettel (also ein Kompliment) und sende es einerseits an dich selbst und andererseits an einen zweiten Menschen aus.

Beispiele: „Du bist wunderschön, genau wie du bist." „Du bist stark. Du kannst alles schaffen." „Du bist einzigartig. Du bist schön." „Ich bin stolz auf dich." „Du siehst toll aus."

Deine wichtigsten Learnings und was du mitnimmst

Komplimente lösen einerseits Glücksgefühle und Stolz in dir aus und sind langfristig und nachhaltig maßgeblich beim Aufbau deines Selbstbewusstseins und bei der Steigerung deines positiven Selbstwertgefühls beteiligt und dafür verantwortlich.

Dein positives Selbstwertgefühl wird durch dich selbst geformt und entwickelt sowie nachhaltig und langfristig aufgebaut. Durch Komplimente, anerkennende und wertschätzende Worte und Taten wird dieser nachhaltige Aufbau immer wieder unterstützt und gestärkt; dein Selbstwertgefühl wird gestärkt und du selbst als Ganzes wirst gestärkt.

Wertschätzung oder ein Kompliment müssen nicht erst bei Zielerreichung stattfinden, sondern können und sollen vor allem schon am Weg dorthin auftreten. Komplimente und Anerkennung steigern nicht nur dein Selbstbewusstsein und Selbstwertgefühl, sondern in hohem Maße auch deine Motivation, oft auch deinen Mut, und können Selbstzweifel und Unsicherheiten sehr schnell wegpacken.

Die Kultur der Wertschätzung und Anerkennung sowie auch die Fehlerkultur benötigen eine ehrliche und aufrichtige Kommunikationsbasis. Du kannst nur etwas empfangen, was du selbst aussendest; aber du kannst auch an andere Menschen nur etwas aussenden und geben, was du dir selbst gibst und bereit bist, selbst zu geben. Ein wertschätzender Umgang mit dir selbst führt dich zu einem wertschätzenden Umgang mit anderen.

Merke:

Kannst du dir selbst Komplimente machen und diese vor allem auch aktiv empfangen und annehmen, schaffst du es auch viel leichter, Neid und Missgunst aus deinem Leben zu verbannen und ehrliche Anerkennung anderen gegenüber zu zeigen.

Liebe kann als die stärkste Form von Wertschätzung und Anerkennung angesehen werden. Selbstliebe ist die höchste Form der Selbstwertschätzung und Selbstanerkennung.

Selbstliebe und Selbstfürsorge haben bereits in jedem der Kapitel in diesem Buch Platz gefunden. Sie sind der Grundbausatz für den Aufbau deines (mentalen) Wohlbefindens und für die Förderung und nachhaltige Stärkung deiner (mentalen) Gesundheit. Sie werden durch alle Faktoren, die wir bereits behandelt haben, positiv beeinflusst und gefördert.

Merke:

Die Liebe ist die Basis deines Lebens, deines Mindsets und deines (mentalen) Wohlbefindens. Du kannst erst dann erfolgreich sein, wenn du deine Arbeit und dein Tun mit Liebe ausübst.

„Schön ist eigentlich alles,
was man mit Liebe betrachtet.
Je mehr jemand die Welt liebt,
desto schöner wird er sie finden."

Christian Morgenstern

„Je mehr man liebt,
umso tätiger wird man sein."

Vincent van Gogh

„Sich selbst zu lieben ist der Beginn
einer lebenslangen Romanze."

Oscar Wilde

Ich beginne aktiv und bewusst zu leben

Die eigene mentale
Gesundheit managen

Es sollte endlich verstanden werden, dass körperliche und geistige Gesundheit eng miteinander verbunden sind. Sie gehen Hand in Hand mit dir selbst durch dein Leben und beeinflussen sich gegenseitig. Es ist eine Wechselbeziehung.

Du kannst zu deiner eigenen mentalen Gesundheit in hohem Maße selbst beitragen. Ja, es ist Arbeit, aber es wird, wie bei allem im Leben, irgendwann zur Gewohnheit, wenn du dir entsprechende Routinen in deinem Alltag schaffst und nachhaltig etablierst.

Es darf außerdem endlich das Verständnis geschaffen und aufgebaut werden, dass mentales Wohlbefinden keine momentane Stimmung ist. Mentales Wohlbefinden ist die Grundlage deiner mentalen Gesundheit und umgekehrt. Du wirst von beiden gemeinsam durch deinen Alltag getragen. Sie bestimmen, wie du dich fühlst, wie du Tätigkeiten nachgehst, wie und ob du Herausforderungen annimmst, wie du

Beziehungen pflegst und wie du dein Leben und deinen Alltag lebst. Sie bestimmen, ob du nur physisch oder auch psychisch deinen Alltag aktiv und bewusst erleben kannst. Mentales Wohlbefinden kann von dir selbst und von äußeren Faktoren beeinflusst und somit gestärkt oder geschwächt werden. Die Verantwortung liegt aber immer bei dir. Du selbst kannst zulassen, ob und wie dich und deine mentale Gesundheit äußere Faktoren erreichen und beeinflussen.

Mentales Wohlbefinden ist keine momentane Stimmung, sondern betrachtet dich im Mittelpunkt deines Dreiecks, deines Lebens, als Ganzes. Es umfasst und lässt alle Emotionen und Gefühle, alle Stärken und Schwächen, alle Abweichungen und Erfolge zu. Mentales Wohlbefinden bedeutet auch mentale Freiheit. Fühlst du dich mental gesund, fühlst du dich mental frei. Deine Seele, dein Geist und dein Körper erlangen durch deine Fähigkeit des mentalen Wohlbefindens Freiheit, Gelassenheit, Ruhe und Lebensfreude. Diese Eigenschaften übertragen sie gemeinsam wieder auf dich, von den drei Ecken ausgehend auf den Mittelpunkt in deinem Dreieck. Dich mental wohlzufühlen ist mitunter einer deiner größten Erfolge, die du im Leben erreichen kannst. Dein mentales Wohlbefinden ist die Grundlage und Basis für dein gesamtes Leben in und für all deine Lebensbereiche: ob du erfolgreich bist, ob du Freude anstatt Neid und Missgunst empfinden kannst, ob du selbstbewusst bist usw. Dein mentales Wohlbefinden kannst du selbst aufbauen und stärken. Dafür sind die Entwicklung und langfristige und nachhaltige Etablierung deiner Dankbarkeitskraft, die Kraft deiner Gedanken und die Schaffung deines Bewusstseins und der Aufbau deiner inneren Basis essenziell.

Dein Leben ist nicht, wie es ist. Es ist genau so, wie du es veränderst, gestaltest, wie du es lebst und was du selbst daraus machst. Selbstfürsorge und sich mit der eigenen (mentalen) Gesundheit auseinanderzusetzen, zu beschäftigen und für sich selbst Investitionen zu tätigen, muss Hauptbestandteil deines Alltags werden und nachhaltig sein. Selbstfürsorge ist nicht etwas, was du ab und zu tun kannst, wie zum Beispiel ab und zu ein Buch aufschlagen und eine Seite darin lesen. Selbstfürsorge und Achtsamkeit dir selbst und deinen Bedürfnissen gegenüber wollen permanent in deinen Lebensalltag integriert werden. Wenn du deine (mentale) Gesundheit langfristig selbst managen möchtest, musst du bereit sein, Investitionen in dich selbst und in dein (mentales) Wohlbefinden so zu tätigen, dass du sie in deinen Lebensalltag aktiv und bewusst integrierst. Sie werden irgendwann zur Selbstverständlichkeit, zur Gewohnheit und zur Normalität und du lernst, sie zu genießen. Vorsicht: Du wirst dann vermutlich auch merken und dich fragen, warum du nicht schon länger auf dich und deine (mentale) Gesundheit geachtet hast, warum du nicht schon eher achtsam mit dir, deinem Körper und deiner Seele sowie deinem Geist umgegangen bist. Du darfst an diesem Punkt dankbar sein, dass du ab sofort bewusst und aktiv dein Leben gestalten und deine (mentale) Gesundheit bewusst und aktiv managen möchtest. Selbstfürsorge bedeutet auch, Verantwortung für deine Vergangenheit zu übernehmen, indem du sie akzeptierst und annimmst und als einen Teil von dir als vergangenen Zustand platzierst.

Du lebst dein eigenes Leben und nicht das nach den Erwartungen und Vorstellungen anderer. Löse dich endlich davon, es anderen Menschen recht zu machen und anderen Menschen gerecht zu werden. Du bist der einzige Mensch, dem du gefallen musst. Du selbst bist es, mit dem du dein ganzes Leben lang auskommen musst. Deine eigene Beziehung beginnt mit deinem ersten Atemzug und endet mit deinem letzten. Es ist also nicht nur schön, sondern mental überlebenswichtig, wenn du dich selbst achten und deine Erwartungen und Bedürfnisse in den Mittelpunkt rücken kannst. Kommunikation ist hier dein geeignetes Tool. Sprich alles an, was dich belastet, zeige deine Grenzen auf und lerne „Nein" zu sagen. Mache dir bewusst, dass ein „Nein" keine Ablehnung der Person, also deines Gegenübers, ist, sondern ein Nein zu Dingen, Tätigkeiten und Aufgaben, die im entsprechenden Moment, in der jeweiligen Lebenssituation nicht zu deinen Ressourcen passen. Vielleicht fehlt dir Zeit, vielleicht korreliert es nicht mit deiner eigenen Einstellung oder vielleicht hast du keine körperlichen und mentalen Ressourcen dafür. „Nein" zu sagen ist keine Ablehnung einer Person, sondern eine Zustimmung zu dir selbst. Es ist gesunder Egoismus, der nur mit und durch ehrliche Kommunikation entwickelt, etabliert und verstanden werden kann. Setze und definiere deine eigenen Grenzen und kommuniziere sie nachfolgend. Dir deiner Grenzen nur im Kopf bewusst zu sein, alleine zu wissen, wie weit du gehen möchtest und was du möchtest beziehungsweise was nicht, ist zu wenig. Du darfst und du sollst sie bei deinen Mitmenschen ansprechen und laut aussprechen. Kommuniziere aktiv und ehrlich. Du darfst deine Grenzen nicht nur einmal im Leben definieren und setzen. Dein Gerüst darf im Laufe der Zeit, einhergehend mit deiner eigenen Weiterentwicklung, verschoben und angepasst werden.

Gehe in deinem eigenen Tempo und mache einen Schritt nach dem anderen. Geduldig mit dir selbst umzugehen, kannst du dir insbesondere durch den Einsatz deiner Dankbarkeitskraft und deiner Bewusstseinsschaffung aneignen und antrainieren. Du kannst Geduld mit dir selbst erlernen. Behalte jedoch im Hinterkopf: Um langfristig voranzukommen und nachhaltig erfolgreich zu sein (denk daran: das schließt nicht nur beruflichen Erfolg mit ein!), braucht es viele kleine Schritte nacheinander, die dich zum Ziel führen.

Wenn du deine eigene (mentale) Gesundheit langfristig stärken und nachhaltig selbst managen möchtest, verbinde und vereine deinen Körper, deine Seele und deinen Geist mit dir selbst. Dein Weg wird nicht nur leichter, sondern vor allem schöner. Du wirst ihn trotz aller Schwierigkeiten und Herausforderungen, die sich auftun, genießen können. Für nachhaltiges (mentales) Gesundheitsmanagement für dich selbst kannst du ohnehin keinen der drei Faktoren ausbremsen. Langfristig brauchst du sie allesamt und sie brauchen dich, um Nachhaltigkeit in und für dein Leben sowie dein (mentales) Wohlbefinden zu etablieren.

(Mentale) Gesundheit beeinflusst zusammengefasst deine Lebensqualität. Du kannst durch die Förderung und Stärkung deines Mindsets und deines (mentalen) Wohlbefindens diese entsprechend erhöhen. Wenn du dich (mental) wohlfühlst und dich (mentaler) Gesundheit erfreuen kannst, bist du in der Lage, deine Fähigkeiten auszuschöpfen, deinen Herausforderungen im Alltag zu begegnen und qualitativ hochwertige Leistungen zu erbringen. Was möchtest du jeden Tag tun und integrieren, wofür möchtest du regelmäßig Investitionen tätigen, um dich langfristig und im hohen Alter (mental) wohlzufühlen und dein inneres Glück zu spüren?

Fokus: Alltag

Lege den Fokus auf dich in deinem Alltag, um bewusst zu leben und ihn aktiv zu erleben. Nimm dich selbst und deinen Alltag als Prozess an, als Lebensprozess, in dem du dich weiterentwickeln darfst und wachsen, aber auch öfter hinfallen wirst. Bedeutend ist nicht, liegen zu bleiben, sondern wieder aufzustehen. Deine Dankbarkeitskraft und die Kraft deiner Gedanken weisen dir den Weg. Konzentriere dich aktiv auf deine Leidenschaft und Motivation. Lerne dich selbst in deinem Alltag besser kennen. Lerne dein Warum kennen. Arbeite an dir und mache Pausen.

Ich möchte dich hier nun zu einem ganz normalen Tag in meinem Leben mitnehmen und meine persönlichen Gedanken und Gefühle mit dir teilen:

Montagmorgen. 5.15 Uhr. Der Wecker läutet. Ich mache das Licht auf dem Nachtkästchen an, stelle den Wecker aus und stehe auf. Der erste Weg jeden Morgen führt mich selbstverständlich zur Toilette (→ wichtig: Nachtharn lassen!) und danach in die Küche, um mir ein Glas mit heißem Zitronenwasser sowie mein Müsli für das Frühstück im Büro zuzubereiten. Nicht ganz korrekt, um ehrlich zu sein, da ich mir am Morgen lediglich die Banane auf mein bereits am Abend zuvor zubereitetes Joghurt mit Haferflocken, Zimt und Kurkuma, das ich über Nacht im Kühlschrank aufbewahre, schneide. Ich fülle mir meine Wasserflasche mit stillem Wasser auf, packe nebenbei die Jausentasche für meinen Partner und begebe mich dann ins Badezimmer. Erst mal kalt das Gesicht abwaschen, um direkt ein Frischegefühl zu bekommen. Zähne putzen, Gesicht eincremen (Sonnenschutz jeden Tag inklusive!), Haare zurechtmachen, schminken und anziehen, Schmuck anlegen, meinem Partner einen Kuss geben und ein „Ich liebe dich" zum Abschied. Mitarbeiterausweis anbringen, den Wohnungsschlüssel in die Tasche, Schuhe und Jacke anziehen. Danach mache ich mich auf den Weg zur Arbeit. Im besten Fall habe ich noch vier bis fünf Minuten, um eine Straßenbahnhaltestelle weiter zu gehen, um schon ein paar Schritte vor der Arbeit zu sammeln und die klare Morgenluft einzuatmen. Die halbe Stunde Straßenbahn verbringe ich mitunter am Smartphone, höre Podcasts oder schaue einfach nur aus dem Fenster und lasse meine Gedanken kreisen. Im Büro angekommen, schalte ich den Computer ein, melde mich bei meinem Partner mit einem „Ich bin im Büro. Hab einen schönen Arbeitstag." und mache mir eine große Tasse heißen Kamillentee (ja, auch im Sommer). Da ich als wissenschaftliche Mitarbeiterin in einem Krankenhaus tätig bin, beginnt mein Arbeitstag mit dem täglichen „Jour Fix", unserer Morgenbesprechung, mit Patient*innenfällen. Im besten Fall erledige ich davor ein paar Mails, informiere mich über das aktuelle OP-Programm und werfe einen Blick in meinen Kalender für die anstehenden To-dos des Tages und der Woche.

Nach dem täglichen halbstündigen Morgenmeeting nehme ich mir ein Glas Wasser mit ins Büro, trinke meine Supplemente (keine Markennennung) und gehe meiner Arbeit nach. Zwischen 8 und 9 Uhr frühstücke ich mein selbst mitgebrachtes Müsli im Büro und arbeite direkt weiter. Mein tägliches Highlight im Büroalltag, auch wenn das für viele vielleicht amüsant klingen mag, ist meine „Coffee Time", wie ich sie gerne in meinen Instagram-Stories nenne. Wichtig anzumerken an dieser Stelle ist, dass ich erst mit 31 Jahren begonnen habe, Kaffee zu trinken, also vor circa zwei Jahren; und auch seither nur einen Espresso, gelegentlich, aber eher selten, zwei pro Tag. Ich mag, nein, ich liebe diese kleinen Schlückchen Kaffee am Vormittag und freue mich jeden Tag aufs Neue während des Gangs zur Kaffeemaschine darauf. Hört sich lustig an? Mag sein. Für mich aber ein schön entwickeltes und im Arbeitsalltag etabliertes Ritual, das ich mit fünf Minuten Ruhe, einem kurzen Instagram-Story-Post, in dem ich meine Gedanken teile, und mit einem kleinen Neustart durch die Koffeinwirkung verbinde. Mein Tageshighlight, mein Büroalltagshöhepunkt sozusagen, der Peak, an dem die Arbeitskurve am höchsten steht, um danach wieder langsam abzusinken. Nach der Arbeit, die meist zwischen 15 und 17 Uhr endet, verlasse ich mein Büro, spaziere eine, zwei oder mehr Haltestellen – je nachdem, wie lange die Straßenbahn auf sich warten lässt. Je nach Tagesverfassung, Nachmittags- und Abendgestaltung, steige ich gerne auch einige Haltestellen (zwei fast immer) früher aus und gehe den restlichen Weg zu Fuß zu unserer Wohnung. Bewegung und frische Luft, Gedankenordnung und eine oft übervolle Straßenbahn sind dafür meine Motivationsfaktoren. Die Nachmittags- und Abendgestaltung nach meinem Arbeitstag richtet sich selbstverständlich in erster Linie nach der Jahreszeit; so gehen mein Partner und ich im Frühling und Sommer gerne gemeinsam Radfahren, ich jogge durch Wien oder wir machen einen Spaziergang und gehen gemeinsam Essen. Danach, mit Endorphinen überschüttet, bereite ich meine Sachen für den nächsten Arbeitstag vor, telefoniere mit meinen Eltern oder Freunden und mein Partner und ich lassen den Abend gemütlich ausklingen, bevor es zwischen 22 und 23 Uhr ins Bett geht. Ausreichend Schlaf ist (für mich) der wichtigste Faktor und Grundstein für einen guten und erfolgreichen nächsten Tag.

„Wow", denke ich mir selbst während des Schreibens und du vermutlich während des Lesens. Hört sich nach einem ganz normalen, aber perfekt strukturierten und planmäßigen (Arbeits-)Alltag an. Das sind meine guten Tage. Tage, an denen ich gut gelaunt den Tag beginne, an denen die Dinge im Büro funktionieren, vieles abgearbeitet und geschafft werden kann, an denen die Motivation nach dem Arbeitstag für Sport vorhanden ist, mir ein guter Lauf leicht von den Füßen geht und ich dann mehr als zufrieden und ausgepowert den Tag gemeinsam mit meinem Partner beenden darf. Aber auch bei mir ist keinesfalls jeder Tag identisch. Zudem muss ich gestehen, dass auch die weiter oben beschriebenen Glücksgefühle manchmal ausbleiben. Meine innere Grundmotivation und meine innere Glücksbasis sind aber immer vorhanden. Ich stehe durch die Etablierung meiner Dankbarkeitskraft und die Kraft meiner Gedanken für mich in meinem Alltag jeden Tag sehr motiviert auf und hege keine negativen Gedanken dem neuen Tag gegenüber. Das habe ich mittlerweile auf meiner Lebensreise nicht nur gelernt, sondern vor allem, und dafür bin ich sehr dankbar, verinnerlicht. Nimm deine Sorgen, Probleme und negativen Gedanken nie mit ins Bett. Befreie dich und deinen Geist sowie deine Seele von ihnen vor dem Schlafengehen. Ich beginne den Tag also wie üblich positiv gestimmt und mit meinem Vorhaben, um zirka 16 Uhr das Büro zu verlassen und danach laufen zu gehen. Das soll aber lediglich mein Vorhaben für diesen Tag bleiben. Mehr Arbeit als geplant, zusätzliche und ungeplante Aufgaben den gesamten Vormittag und am Nachmittag erst dazugekommen, vielleicht sogar eine Stunde länger gearbeitet und somit erst um 17 Uhr das Büro verlassen, oder um 16 Uhr, obwohl ich 15 Uhr geplant hatte. Eventuell habe ich auch nicht alles geschafft, was ich wollte, trotz der Mehrstunden in der Arbeit, und eventuell ist auch nicht alles so leicht von der Hand gegangen an diesem Tag. Inzwischen dann zu viel gesnackt, ein Stück Schokolade hier, ein Riegel zu viel da. Keine Bewegung den ganzen Tag über, weil (fast) alle Aufgaben am Computer und somit sitzend erledigt wurden. Ich verlasse das Büro an diesem Tag mit, lasst es mich als „nicht in der besten Stimmung" ausdrücken, und meine Gedanken gehen in Richtung Feierabendgestaltung. Ich hatte mir vorgenommen, laufen zu gehen. Normalerweise esse ich davor eine Kleinigkeit, einen Eiweißriegel, eine Reiswaffel und eine Scheibe Honigbrot, ziehe mir bereits davor meine Laufsachen an und bereite mich mental auf meinen Lauf vor. Meine Gedanken nach diesem Arbeitstag kreisen herum. Zuerst in genau diese Richtung, wie ich mir dieses Szenario vorstelle, das ich mir vorgenommen hatte. Gleich darauf aber in die andere Richtung, bei der ich einfach etwas erledigt vom Tag zu Hause ankomme, Hunger habe und einfach nur essen und rasten möchte. Halt. Stopp. DU hast dir aber einen Lauf eingeplant. Ja, habe ich. Aber muss ich immer an meinem Plan festhalten?

Nein, muss ich nicht. Ich muss gar nichts. Das Einzige, was ich „muss", beziehungsweise was ich sollte, ist, mich (mental) wohlzufühlen und (mental) gesund zu sein, indem ich meine Bedürfnisse wahrnehme und schätze. Natürlich sind wir selbst stolz und glücklich, wenn alles nach Plan läuft. Wer kennt das nicht? Und doch wissen wir, dass das Leben oftmals aus den vorgegebenen Strukturen ausbricht und nicht immer geradlinig verläuft. Wir biegen ab, manchmal falsch, manchmal richtig. Wir machen Fehler, aber wir lernen. Wir lernen mit jedem Mal dazu. Jede Abweichung ist eine Erfahrung. Und so auch für mich an diesem Tag beziehungsweise nach diesem Tag. Zunächst habe ich mir selbst gegenüber ein schlechtes Gewissen, weil ich nicht alles geschafft habe, was ich mir vorgenommen hatte. Ich habe – grob ausgedrückt – versagt. Halt. Stopp. Nein, hast du nicht. Dein Körper ist keine Maschine, die jeden Morgen programmiert wird und das Programm genauso jede Minute und Stunde während des gesamten Tages abspulen kann. Dein Körper ist ein menschliches Lebewesen mit Gefühlen, Gedanken, Stärken und Schwächen. Hinzu kommen äußerliche

Faktoren, die auf deinen Körper einwirken und dich tagsüber beeinflussen. Diese Faktoren sind da. Wir können sie nicht ausblenden oder ignorieren, aber du kannst lernen, mit ihnen umzugehen, sie anzunehmen und sie in eine für dich gute Richtung zu lenken. Du entscheidest, ob und wie sie sich und dein (mentales) Wohlbefinden beeinflussen. Und genau das habe ich in den letzten Jahren versucht mir selbst beizubringen, mir anzueignen, ja, mir sogar anzutrainieren. Es klappt mal besser, mal weniger gut. Es ist ein Lernprozess und ein Prozess, der dich und auch mich immer begleitet. Leider ist das nicht so wie Radfahren. Wir lernen es, üben es und können es unser Leben lang, sofern wir keine körperlichen Einschränkungen erfahren.

Ein positives Mindset kann nicht ein einziges Mal aufgebaut werden, sondern muss immer wieder weiterentwickelt und gepflegt werden. Es bleibt nicht einfach so erhalten. Du kannst es dir nicht einmal aneignen und jeden Tag erwarten, dass du nur positiv denken kannst und nur von Glücksgefühlen und Motivation umgeben bist. Die Entwicklung deines positiven Mindsets umfasst den Aufbau deiner inneren Grundlage und ist Basis für deinen selbstbestimmten und achtsamen Alltag. Setze deine Dankbarkeitskraft sowie die Kraft deiner Gedanken ein und mache dich selbst durch Übung aller Tools in deinem Alltag zum Meister.

Die eigene innere Balance entwickeln und etablieren

Dein mentales Wohlbefinden ist die Grundlage und Basis für deine innere Balance und umgekehrt. Fühlst du dich mental wohl, fühlst du dich frei. Hast du deine innere Balance gefunden, fühlst du dich mental wohl und gesund.

Wie du dir dein mentales inneres Gleichgewicht langfristig aufbauen kannst:

1. Dankbarkeit in dein Leben lassen. Entwickle deine Dankbarkeitskraft und etabliere sie nachhaltig in deinem Alltag.

2. Zufriedenheit in dein Leben lassen. Setze deine Zufriedenheitsbrille auf und lerne, zufrieden und gleichzeitig dankbar zu sein, für alles, was in deinem Leben ist, aber auch für alles, was nicht oder noch nicht in deinem Leben ist.

3. Vergangenheit annehmen und Frieden schließen. Versuche dich von deiner Vergangenheit zu lösen, indem du sie als Teil von dir akzeptierst und als vergangenen Zustand annimmst. Schließe Frieden mit allem, was war, was du erlebt hast, und konzentriere dich auf deine Gegenwart und auf deine Zukunft, also auf alles, was ist und was noch kommt.

4. Bewusstsein in deinem Alltag schaffen. Bewusstseinsschaffung und dein Bewusstsein zu stärken betrifft alle Bereiche deines Lebens und ist wichtig für deine innere Balance und das Leben in deinem persönlichen Gleichgewicht.

5. Investitionen für deine (mentale) Gesundheit tätigen. Die wichtigsten Investitionen, die du heute, morgen und im Laufe deines ganzen Lebens tätigen kannst, sind Investitionen in dich selbst für dein (mentales) Wohlbefinden und deine (mentale) Gesundheit.

6. Hobbys im Alltag integrieren. Finde Dinge, Sportarten und Fähigkeiten, die du gerne machst, die dir guttun und dein (mentales) Wohlbefinden fördern und stärken. Integriere sie als Fixpunkte in deinen Zeitplan.

7. Kommunikation etablieren. Kommuniziere immer ehrlich. Sprich deine Gedanken an und aus, kommuniziere deine Fehler und entwickle eine aufrichtige und ehrliche Kommunikations-basis zu dir selbst und zu anderen.

8. Mit deinem Körper achtsam sein. Achte auf Alltagsbewegung und schaffe dir ein Ernährungsbewusstsein. Nimm deine körper-lichen Bedürfnisse wahr und gehe achtsam mit ihnen um.

9. Gewohnheiten und Routinen schaffen. Entwickle Gewohnheiten, die zu dir und deinem Alltag passen. Lass sie zu Routinen werden, die dir Sicherheit geben und dich unterstützen.

10. Komfortzone verlassen und Neues ausprobieren. Mache immer mal wieder einen Schritt aus deiner Komfortzone und ergreife Chancen, die dir das Leben gibt. Nimm sie wahr und probiere Neues aus. Jeder Schritt ist eine Erfahrung, die dich weiterentwickelt.

11. Träume in dein Leben lassen. Alle Träume, die du visualisieren kannst, kannst du auch erleben. Forme sie in deinem Kopf und lass sie frei, indem du sie als Ziele in deinem Leben definierst. Verfolge deine Ziele und lass deine Träume wahr werden, indem du Mut aktiv über deine Angst stellst.

12. Motivation, Mut und Leidenschaft in dein Leben bringen. Schaffe dir deine innere Motivationsbasis, die aus deiner Dankbarkeitskraft und der Kraft deiner Gedanken geformt wird, und schöpfe bereits in den ersten Minuten eines jeden neuen Tages aus ihr. Entwickle Leidenschaft für Dinge und Aufgaben, denn was du gern machst, machst du gut. Sei mutig genug, dir selbst deine Träume zu erfüllen, und platziere deinen Mut in deiner Hierarchie immer über deiner Angst, deiner Unsicherheit und deinen Selbstzweifeln.

13. Komplimente verteilen. Sende wertschätzende, ehrliche und anerkennende Komplimente an dich selbst und andere aus und erlaube dir, genauso welche zu empfangen und anzunehmen.

14. Liebe geben und Liebe nehmen. Betrachte Dinge, Situationen und Aufgaben durch die Brille liebevoller Gedanken. Lass Selbstliebe zu, sorge gut für dich selbst und steigere damit unter anderem dein positives Selbstwertgefühl.

15. Deine eigene (mentale) Gesundheit managen. Mache dich selbst zum Gesundheitsmanager deiner (mentalen) Gesundheit, indem du deine Grenzen aktiv setzt, bewusst kommunizierst und dich und deine Bedürfnisse in den Vordergrund stellst. Du lebst dein Leben nach deinen Vorstellungen und nicht nach Erwartungen und Meinungen anderer. Kenne deinen Wert, dein Warum und denke in allen Lebensbereichen, -situationen und -phasen, ob und wie es deine (mentale) Gesundheit beeinflusst. Entscheide dich selbstbestimmt und bewusst dafür oder dagegen.

16. Gegenwart schätzen. Fokussiere dich auf deinen Alltag und schaffe dir einen Raum und einen Rahmen, in dem du dich gerne täglich bewegst. Erlebe somit wieder aktiv und bewusst deinen Alltag.

Um dein mentales inneres Gleichgewicht nachhaltig zu etablieren, erlaube dir selbst …

… in deinem eigenen Tempo zu gehen,

… ja zu deinen Träumen zu sagen,

… achtsam mit dir selbst, deinem Körper, deinem Geist und deiner Seele zu sein,

… dich für Glück und Liebe zu öffnen,

… glücklich zu sein und Glück tief in deinem Inneren zu spüren,

… Liebe zu empfangen und Liebe weiterzugeben,

… all deine Gefühle zuzulassen,

… dich und deine Erfolge zu feiern,

… stolz auf dich selbst zu sein,

… deine Bedürfnisse wahrzunehmen und auf dich selbst achtzugeben,

… alle negativen Gedanken und Sorgen loszulassen und dich auf all das Gute und Schöne zu fokussieren,

… deiner Vergangenheit und dir selbst in deiner Vergangenheit zu vergeben und sie anzunehmen,

... deine Meinung zu kommunizieren,

... dich für das Gute bewusst und aktiv zu entscheiden,

... deine Gedanken in die für dich richtige Richtung zu steuern,

... an dich selbst und deine Träume zu glauben,
... deinen Fähigkeiten und dem Leben zu vertrauen,

... deine Grenzen zu kommunizieren und aktiv „Nein" zu sagen,

... deine Ängste mit Mut und Leidenschaft zu übertreffen,

... heute einen tollen Tag zu erleben, egal wie der gestrige war,

... alles zu schaffen, was du schaffen möchtest,

... deine eigenen Erfahrungen zu machen,

... erfolgreich zu sein und deinen Erfolg zu zeigen,

... Pausen zu machen und dich bewusst und aktiv zu erholen,

... einen respektvollen und wertschätzenden Umgang mit dir selbst zu pflegen,

... deine Bedürfnisse und Gefühle ernst zu nehmen,

... Freude zu empfangen und Leichtigkeit in deinem Leben zu spüren,

... deine Dankbarkeit tief in deinem Inneren zu spüren,

... alles loszulassen, was dich deiner inneren Ruhe und deiner inneren Balance beraubt,
... alles zu machen, was du machen möchtest,

... deinen Alltag aktiv und bewusst zu erleben,

... dein Leben so zu erschaffen und zu gestalten, dass du atmen kannst und frei bist,

... deine Stärken einzusetzen und deine Schwächen zu fördern,

... du selbst zu sein,

... alles zu erreichen, was du dir vorstellen und visualisieren kannst,

... dich mental wohlzufühlen, unabhängig von den Erwartungen anderer,

... Altes loszulassen, um Neues empfangen zu können.

Übungen

Fülle die nachstehende Tabelle aus. Nimm dir ausreichend Zeit dafür und sei ehrlich zu dir selbst.

Was macht dich glücklich, was nicht, beziehungsweise was hat keinen Platz in deinem Leben, wovon möchtest du dich endlich lösen?	
Das möchte ich in meinem Leben nachhaltig etablieren:	*Das möchte ich in meinem Alltag reduzieren, davon möchte ich mich entfernen bzw. trennen:*

Du kannst die einzelnen Dinge, Aufgaben etc. auch jeweils separat auf ein Blatt Papier schreiben und die aus der linken Spalte, also die positiven, irgendwo sichtbar anheften, um deine Gedanken regelmäßig damit bewusst und unbewusst zu konfrontieren. Die von der rechten Spalte, also die negativen, kannst du wieder zusammenfalten beziehungsweise zusammenknüllen und wegwerfen und somit aktiv aus deinem Leben entfernen.

Deine wichtigsten Learnings
und was du mitnimmst

Körperliche und geistige Gesundheit sind eng miteinander
verbunden. Du trägst zu deiner eigenen (mentalen) Gesundheit
in hohem Maße selbst bei.

Mentales Wohlbefinden ist keine momentane Stimmung.
Mentales Wohlbefinden ist die Grundlage deiner mentalen
Gesundheit und umgekehrt.

Dein Leben ist nicht, wie es ist. Es ist genau so, wie du es
veränderst, gestaltest, wie du es lebst und was du selbst
daraus machst. Selbstfürsorge und sich mit der eigenen
(mentalen) Gesundheit auseinanderzusetzen und für sich selbst
Investitionen zu tätigen, muss Hauptbestandteil deines Alltags
werden und nachhaltig sein.

Wenn du deine eigene (mentale) Gesundheit langfristig
stärken und nachhaltig selbst managen möchtest, verbinde
und vereine deinen Körper, deine Seele und deinen Geist mit
dir selbst. Ein positives Mindset kann nicht durch einmaliges
Engagement aufgebaut werden, sondern bedarf kontinuierlicher
Weiterentwicklung und regelmäßiger Pflege. Es bleibt nicht
einfach so da.

Du lebst dein eigenes Leben und nicht das nach den
Erwartungen und Vorstellungen anderer. Löse dich endlich
davon, es anderen Menschen recht zu machen und nach den
Erwartungen anderer Menschen zu leben. Du bist der einzige
Mensch, dem du gerecht werden sollst. Sprich alles an, was dich
belastet, zeige deine Grenzen auf und lerne „Nein" zu sagen.

Mache dir bewusst, dass ein „Nein" keine Ablehnung der Person, also deines Gegenübers ist, sondern eine Zustimmung zu dir selbst.

Merke:

Menschen, die sich in ihrem Alltag (mental) wohlfühlen, das heißt unter anderem aus ihrer Dankbarkeitskraft schöpfen können, können Chancen nicht nur sehen, sondern sie aufgreifen und sich selbst und ihr Leben damit bereichern. Selbstfürsorge bedarf Regelmäßigkeit und soll nicht nur ab und an in den Alltag integriert werden. Für dich selbst zu sorgen, bedeutet Achtsamkeit und Wertschätzung dir selbst und deinem Leben gegenüber.
Es ist gesunder Egoismus, der nur mit und durch ehrliche Kommunikation entwickelt, etabliert und verstanden werden kann.

„Frag dich nicht, was die Welt braucht, sondern frage dich selbst, was dich lebendig werden lässt. Und dann geh und tu das. Denn was die Welt braucht, sind Menschen, die lebendig geworden sind."

Howard Washington Thurman

„Du selbst zu sein, in einer Welt, die dich ständig anders haben will, ist die größte Errungenschaft."

Ralph Waldo Emerson

Aus-
führungs-
kapitel

Nachhaltigkeit entwickeln und etablieren

Nachhaltigkeit in Bezug auf deine (mentale) Gesundheit bedeutet einerseits deine Ressourceneinteilung und bewusste Ressourcennutzung und andererseits die Gewährleistung einer dauerhaften Befriedigung deiner Bedürfnisse, also deines mentalen Wohlbefindens.

Ziel der Nachhaltigkeit ist hierbei, dir langfristige Grundlagen und deine innere Basis nicht nur zu erschaffen, sondern vor allem in deinem Alltag zu etablieren und weitestgehend aufrechtzuerhalten. Denk daran: Übung macht dich zum Meister. Dauerhafte Achtsamkeit und aktive Bewusstseinsschaffung machen dich zum Meister in deinem Alltag, in deinem Leben und für deine (mentale) Gesundheit und stärken dich im Mittelpunkt deines Dreiecks. Ziel dabei ist es, dich selbst zu ernähren und deinen Körper, deinen Geist und deine Seele mit allen Nährstoffen zu versorgen, die für die Aufrechterhaltung deiner (mentalen) Gesundheit und deines (mentalen) Wohlbefindens im Alltag notwendig sind.

Nachhaltigkeit bedeutet Reichtum. Reichtum an nachhaltigem (mentalem) Wohlbefinden in deinem Alltag. Dein größter Erfolg und Reichtum im Leben ist, dich (mental) wohlzufühlen und (mental) gesund zu sein.

Um nicht nur zu dir selbst zu finden, sondern langfristig bei dir und in deinem Leben anzukommen sowie bei dir selbst zu bleiben, ist es essenziell, Nachhaltigkeit für dein Mindset zu entwickeln und für deine (mentale) Gesundheit in deinem Alltag zu integrieren. Wenn du es verstanden hast, dir deine innere Basis für dein (mentales) Wohlbefinden aufzubauen und für dich selbst zu etablieren, dich im Mittelpunkt deines Dreiecks zu platzieren und fest zu verankern, kannst du in allen Lebenssituationen und Lebensbereichen, in allen Herausforderungen und Schwierigkeiten, bei allen neuen Aufgaben selbstbestimmte und bestmögliche nachhaltige Entscheidungen für dich selbst und für deine (mentale) Gesundheit treffen. Life Goal! Also dein Lebensziel!

Wichtig, um Nachhaltigkeit in deinem Alltag zu erreichen, ist, dass du dir selbst erlaubst, in deinem eigenen Tempo zu gehen. Ein Schritt nach dem anderen und gerne einmal eine Pause einlegen. Nachhaltigkeit bedeutet Beständigkeit und kann nur dann von dir selbst für deine (mentale) Gesundheit in deinem Alltag integriert werden, wenn du dich immer auf den nächsten Schritt vor dir konzentrierst. Fokussiere dich auf kleine Schritte anstatt auf das große Ganze. Sie führen dich langsamer, aber nachhaltiger zu deinem Ziel. Mit vielen kleinen Schritten und durch viel Übung schaffst du eher eine langfristige Integration und machst dich selbst zum Meister. Zu viele Schritte auf einmal führen dich manchmal vielleicht schneller zum Endpunkt, doch die Wirkung danach ist meistens nur kurzfristig und wenig nachhaltig, da du in zu schnellem Tempo vorangegangen bist, den Weg nicht richtig erleben konntest und Dinge, Wissen und Fähigkeiten nur ausprobieren, nicht aber üben und nachhaltig entwickeln konntest. Nachhaltigkeit wird zudem durch deine Gewohnheiten und Routinen entwickelt.

Nachhaltigkeit und (mentale) Gesundheit umfassen darüber hinaus deine eigene (mentale) Gesundheitsförderung und die Förderung deines (mentalen) Wohlbefindens im Alltag. Du schaffst dir dadurch langfristige Strukturen und Rahmenbedingungen, die als Grundgerüst stehen und bleibend sind und in denen du dich mental wohlfühlst und deine (mentale) Gesundheit weiterentwickeln und stärken kannst. Nachhaltigkeit bedeutet dauerhaft und bleibend, ist langfristig etabliert und integriert.

Wenn du dich selbst und/oder mit Unterstützung eines Coachs, in Form dieses Buches oder in Form von persönlichen Beratungen/Gesprächen langfristig empowern, dir deine Grundlage zur Erreichung deines (mentalen) Wohlbefindens aufbauen und deine (mentale) Gesundheit in deinen Alltag integrieren kannst, wirst du dir darüber hinaus dein positives Selbstwertgefühl aufbauen, nachhaltig stärken und etablieren. Du schaffst es, dir selbst und deinen Erwartungen und Vorstellungen in deinem Leben gerecht zu werden. Du erlaubst dir aktiv, deine Träume in dein Leben zu lassen und sie als Ziele zu erreichen. Dein Bewusstsein für (mentale) Gesundheit und für dein eigenes (mentales) Wohlbefinden ist geschaffen; hast du dir selbst erschaffen und entwickelt.

Selbstbewusstsein

Selbstbewusstsein bedeutet nicht, besser zu sein als andere. Selbstbewusstsein bedeutet, so zu sein, wie du sein möchtest und das mit und durch deine Ausstrahlung zu kommunizieren in allen Lebensbereichen und in allen Lebenssituationen.

Selbstbewusstsein bedeutet, mutig zu sein, zuerst an dich selbst zu glauben, dann an deine Träume und an deine Stärken, die dir bei der Verwirklichung deiner Träume und somit bei deiner Zielerreichung helfen werden.

Selbstbewusstsein bedeutet, deiner Leidenschaft nachzugehen, den Weg zu gehen und auszublenden, was andere darüber denken oder dazu sagen. Es ist dein Weg, dein Leben und deine Reise, deshalb darfst und sollst DU Dinge tun, die DIR als Person und nicht den Erwartungen anderer entsprechen.

Selbstbewusstsein bedeutet auch, dir selbst Fehler einzugestehen und vor allem ehrlich zu kommunizieren, Schwächen zuzugeben, um Unterstützung zu fragen, um dir etwas zeigen zu lassen, in dem andere zumindest bis jetzt besser sind als du beziehungsweise mehr Expertise mitbringen.

Selbstbewusstsein bedeutet auch, einfach mal über sich selbst zu lachen, aber vor allem bedeutet es, ehrlich zu sein und Ehrlichkeit auch zu kommunizieren.

Richtiges Selbstbewusstsein ist nicht einfach da, aber du kannst es dir antrainieren (mit all den Tools aus diesem Buch für deinen Alltag), üben, selbstsicher zu werden und selbstbewusst für dich und deine (mentale) Gesundheit zu handeln. Für dein positives Selbstwertgefühl in deinem Alltag.

Deine wichtigsten Learnings und was du mitnimmst

▶ Dein Leben ist nicht, wie es ist. Du gestaltest, veränderst und formst es selbst.

▶ Du lebst von innen nach außen. Alles, was du dir in deinem Inneren aufbauen und etablieren kannst, kannst du nach außen transportieren und weitergeben.

▶ Es ist alles bereits in dir, du darfst es nun aktivieren und einsetzen.

▶ Übung macht dich zum Meister. Mindset-Stärkung und die nachhaltige Integration deines (mentalen) Wohlbefindens sind ein Lebensprozess. Sie sind deine Lebensreise.

▶ Jede Motivation, jede Idee entsteht aus einem bestimmten Grund und ist es wert, wahrgenommen zu werden. Sie entsteht aus einer bestimmten Leidenschaft.

▶ Neid und Missgunst bringen dich nicht weiter. Widme dich dem, was du hast, und schenke deine Aufmerksamkeit deinen Fähigkeiten und Stärken.

▶ Schaffe dir eine ehrliche und aufrichtige Kommunikationsbasis. Dazu zählt eine wertschätzende Kommunikation mit und zu dir selbst und ein ehrlicher Umgang mit deinen Fehlern.

▶ Es ist immer alles unmöglich, bevor du es umsetzt. Nimm
deine Chance, die dir dein Leben gibt, wahr, verlasse deine
Komfortzone und öffne dich, um Neues auszuprobieren
und Neues kennenzulernen. Jede Erfahrung ist wertvoll.
Deine Erfahrungen formen dich und entwickeln dich weiter.

▶ Deine körperliche und deine mentale Gesundheit sind eng
miteinander verbunden. Du etablierst dir dieses
Bewusstsein. Danach kannst du es auch weitergeben.

▶ Du trägst zu deiner (mentalen) Gesundheit in hohem
Maße selbst bei.

▶ Du bist dir bewusst, dass (mentales) Wohlbefinden keine
momentane Stimmung ist.

▶ Du hast dir das Verständnis aufgebaut, dass „Selfcare",
also „Selbstfürsorge", ein Lebensprozess ist und nichts, was
du ab und zu tun kannst. Es geht um permanente
Integration, ständiges Üben und die nachhaltige Etablierung
von Routinen in deinem Alltag.

▶ Du kannst dich in deiner Gegenwart schätzen, indem du
deine Vergangenheit und dein vergangenes Ich als
vergangenen Zustand annimmst.

▶ (Mentale) Gesundheit und (mentales) Wohlbefinden
bedürfen Langfristigkeit und Nachhaltigkeit.

▶ Du musst bereit sein, und deine Bereitschaft muss vorhanden sein, etwas zu verändern, etwas Neues zu machen, etwas zu lernen und dich selbst weiterzuentwickeln.

▶ Du verdienst es, dein inneres Glück zu spüren und dich mental wohlzufühlen.

Was MÖCHTEST du jeden Tag integrieren, was MÖCHTEST du jeden Tag tun, worin MÖCHTEST du jeden Tag investieren, damit du nachhaltig und langfristig glücklich sein und dich (mental) wohlfühlen kannst?

Ausstiegsübung

Es ist nie zu spät für deinen glücklichen Alltag

Du hast dir nun dein Bewusstsein geschaffen, baust dir dein langfristiges (mentales) Wohlbefinden auf und kannst vor allem durch den Einsatz deiner Dankbarkeitskraft deinen Alltag (wieder) bewusst und aktiv erleben. Du kannst dir durch das Annehmen deiner Vergangenheit, durch dein vergangenes Ich und durch die Visualisierung deiner Träume als Ziele in deinem Leben deine innere Glücksbasis und dein inneres Gleichgewicht nachhaltig etablieren. Manifestiere dir dieses Erlernte für dich in deinem Alltag mit folgender Ausstiegsübung aus unserer gemeinsamen Buchreise:

Visualisiere dir einen für dich perfekten Tag in deinem Alltagsleben. Schließe dafür die Augen und komme ganz bewusst an diesem Tag mit all deinen Sinnen und mit beiden Beinen an. Spüre dich genau an diesem Tag. Was erlebst du? Was machst du? Wer bist du? Wie lebst du? Stell dir vor, dass du diesen Tag in Leichtigkeit und Frieden erlebst, dass du alles Gute empfängst und dass du frei von allen Ängsten und Sorgen bist. Stell dir vor, wie du jede Herausforderung des Tages annimmst, in jeder Situation und in jeder Begegnung das Positive siehst und deine Träume als Ziele in deinem Leben umsetzt. Stell dir vor, dass du frei von allem Negativen bist, dass du durch die Etablierung deiner Dankbarkeitskraft deine innere Glücksbasis geschaffen hast und dass du deinen Mut und deine Motivation sowie Leidenschaft über deine Ängste, Selbstzweifel und Unsicherheiten stellst. Verweile einige Minuten oder so lange du möchtest in diesem Tag, spüre dich ganz bewusst mit all deinen Sinnen und Gefühlen darin und sieh dir lange genug dein dankbares und glückliches Ich an. Wenn du bereit bist zurückzukommen, öffne deine Augen, strecke dich, richte dich auf und komme langsam wieder im Hier und Jetzt an. Speichere dir diese Version von dir mit all den positiven Gefühlen, Fähigkeiten und Eigenschaften in deinem Unterbewusstsein ab. Dafür machst du diese Übung am besten eine Woche lang jeden Tag einmal, um sie fest in dein Bewusstsein zu integrieren, damit dieses dein Ich an jedem nicht so guten Tag, in jeder herausfordernden Situation und Lebensphase für dich präsent sein kann, dir unbewusst bewusst den Weg weist und dir immer zuflüstert: „Geh weiter. Du schaffst das. Du bist großartig. Denke an dein Warum und komm mit."

Schreibe dir einen Brief an deinem Geburtstag

Als zweite Ausstiegsübung kannst du dir einen Brief an deinem Geburtstag (oder einen Tag später) schreiben, den du genau ein Jahr später an deinem nächsten Geburtstag wieder öffnest. Egal, was du hineinschreibst, ob Wünsche, Träume und Ziele, Dinge, die dich gerade belasten, Herausforderungen, mit denen du versuchst, bestmöglich umzugehen, oder einfach nur deine Gedanken, Learnings und Erfahrungen des letzten Lebensjahres. Das mache ich auch jedes Jahr an meinem Geburtstag. Ich öffne dann direkt am Morgen meinen Brief des Vorjahres, reflektiere ein bisschen und bin dankbar und zufrieden, was ich alles erleben durfte, was ich alles erreicht habe, wie weit ich schon gekommen bin und auch für alles, was so nicht eingetreten ist, weil ich nun weiß, warum nicht. Es ist so ein schönes Gefühl, diese selbstgeschriebenen Zeilen zu lesen und einen kurzen Moment, bevor der Geburtstag richtig startet, in sich selbst hineinzuspüren, die Kraft der eigenen Gedanken mit der Dankbarkeitskraft zu verbinden und ein angenehmes, liebevolles und wohlwollendes Gefühl für sich selbst zu verspüren. „Danke, liebes Ich (Danke, Natalie)", notiere ich mir dann auf den Umschlag dieses Briefes.

Schluss

Was möchtest du jeden Tag tun und integrieren, wofür möchtest du regelmäßig Investitionen tätigen, um dich langfristig und im hohen Alter (mental) wohlzufühlen und dein inneres Glück zu spüren?

Du bist selbst für dich, dein Leben und deinen Alltag verantwortlich. Du bist selbst dafür verantwortlich, wie es dir geht, wie du dich fühlst, wer und was dich beeinflusst und wie dein Alltag aussieht. Du selbst kannst dein Leben aktiv steuern, deinen Alltag aktiv gestalten und dir deine eigenen Grenzen setzen, dir deinen eigenen Rahmen für dein (mentales) Wohlbefinden schaffen. Du spielst die Hauptrolle in deinem Leben. Nimm diese Rolle ernst. Nimm dich selbst ernst. Nimm dich in deinem Leben ernst und nimm deine Bedürfnisse in deinem Alltag ernst.

Gib dir selbst die Macht, diese Rolle so zu bespielen, wie du es gerne möchtest, und nicht, wie dich andere in dieser Rolle sehen und erwarten. Selbstreflexion ist in diesem Zusammenhang dein wichtigstes Tool. Frage dich nicht nur einmal im Jahr, wie es dir selbst geht, sondern jeden Tag. Frage dich selbst, warum es dir gut geht und warum es dir nicht gut geht. Was fehlt dir, was braucht es, um diesen Mangel auszugleichen und wieder aufzufüllen? Gib dir selbst die Macht und die Erlaubnis, alles zu machen und alles zu sein, was du möchtest, was du brauchst und wer und wie du sein möchtest, um dich (mental) wohlzufühlen und deinen Alltag aktiv zu erleben.

Ich habe im gesamten Buch viel oder fast aus-schließlich von dir selbst als Individuum geschrieben, da es für den Aufbau deines (mentalen) Wohlbefin-dens, den Aufbau deines starken Mindsets und für die nachhaltige Stärkung deiner (mentalen) Gesundheit essenziell ist, dir eine innere Basis und eine innere starke Grundlage zu schaffen und zu etablieren. Die-se Grundlage kannst du dir nur selbst aufbauen. Du kannst dich langfristig nur dann (mental) wohlfühlen und nachhaltig dich nur dann guter und starker (men-taler) Gesundheit erfreuen, wenn du dich in deinem Inneren wohlfühlst und in deinem Inneren zufrieden bist. Du lebst von innen nach außen. Wenn du in deinem Inneren Glücksgefühle durch deine Dankbar-keitskraft spüren kannst, brauchst du keine Bestäti-gung von außen. Du bist glücklich, weil du es bewusst fühlen kannst, weil du dir selbst deine eigene innere Basis geschaffen hast.

Ich kann meinen Erfahrungen zufolge unterstrei-chen, dass ich mich am meisten (mental) wohl und (mental) gesund fühle, wenn meine Gedanken gesund sind. Wenn ich schlecht über mich denke, geht es mir nicht gut. Wenn ich negative Gefühle für meine Ver-gangenheit habe und mein vergangenes Ich verachte, kann ich keine positiven Gefühle in meiner Gegenwart und für meine Zukunft entwickeln. Wenn ich ängstlich bin und in meiner angenehmen, sicheren Komfortzone bleibe, kann ich nicht erfolgreich sein. Wenn ich Neid und Missgunst empfinde, kann ich nicht zufrieden sein. Mein richtiges Glück in meinem Leben, vor allem aber mir selbst in meinem Alltag gegenüber, habe ich erst gespürt, als ich meine Dankbarkeitskraft entdeckt und nachhaltig etabliert habe, als ich gelernt habe, den Fokus immer auf Dankbarkeit auszurichten, weil dieses dankbare Gefühl jede Situation, jede Handlung, jede Begegnung und jede Herausforderung in einem anderen Blickwinkel betrachtet.

Gesundheit ist tatsächlich unser höchstes Gut. Denk einmal darüber nach, dass es bereits bei starken Kopfschmerzen oder Bauchkrämpfen oder mit kleinen körperlichen Verletzungen beginnt, dass du dich in deinem Alltag einschränken musst. Du kannst nur dann langfristig gesund und aktiv sein, wenn du dich um deine mentale und deine körperliche Gesundheit gemeinsam und zusammen kümmerst. Mentales Wohlbefinden ist keine momentane Stimmung, sondern unsere Basis. Denk doch mal daran, dass Investitionen, die du jetzt in dich selbst tätigst, dir ein langfristiges Ergebnis liefern und sich somit richtig lohnen.

Ich entscheide mich selbst dazu, jeden Morgen positiv und vor allem dankbar und zufrieden aufzustehen, mich glücklich zu fühlen, dankbar in die Arbeit zu gehen und zufrieden den Alltag zu leben. Für mich schafft Dankbarkeit meine Zufriedenheit. Ich entscheide mich bewusst dazu, glücklich zu sein. Ich möchte glücklich sein. Ich möchte das Positive jeden Tag sehen und ich möchte aus jeder Situation, aus jedem Fehler, etwas Positives, eine Erfahrung, ein Learning für mich und mein Leben mitnehmen. Ich muss nicht, aber ich möchte. Ich entscheide mich dafür und ich erlaube mir, mich in der Hauptrolle meines Lebens ernst zu nehmen. Meine zufriedene und glückliche Natalie wird in mir selbst geformt. Erst danach kann ich zusätzliches

Glück durch äußere Faktoren, wie Partnerschaften, Freundschaften und materielle Dinge, empfangen.

Es bedeutet auch für mich nicht, dass ich mich jeden Tag zu hundert Prozent (mental) wohlfühle und keine schlechten Gedanken habe. Ich erlebe nicht so gute Tage genauso wie du, aber ich habe mir durch meine Dankbarkeitskraft und die Kraft meiner Gedanken tatsächlich meine innere Grundlage, mein inneres Gerüst aufgebaut. Ich kann diese nicht so guten Tage, wie im Buch beschrieben, annehmen und stehen lassen. Durch den Aufbau meines starken mentalen Mindsets haben sie keine Macht mehr über mich und beeinflussen mich nicht mehr mehrere Tage danach.

Ein starkes mentales Mindset stärkt deine psychische Widerstandskraft, also deine Resilienz. Durch die Entwicklung deines starken mentalen Mindsets fühlst du dich (mental) wohl, baust dir nachhaltig deine (mentale) Gesundheit auf und fühlst dich in schwierigen und besonders herausfordernden oder neuen Situationen, Aufgaben oder Begegnungen resilient. Du bist gewappnet in diesen Situationen und für diese Tätigkeiten oder Begegnungen, für dich angemessen zu reagieren und trotz der auftretenden Hindernisse eine Stressreaktion zu verhindern oder zumindest auszugleichen. Deine mentale Stärke ist somit für alle Lebensbereiche, für alle Lebensphasen und in allen Lebenssituationen essenziell, um nachhaltige Entscheidungen zu treffen, die dir selbst guttun.

Ich habe beim Arbeiten an diesem Buchprojekt mich selbst und meine Gefühle noch ein bisschen besser kennengelernt. Ich bin durch diese erneute bewusste und aktive Auseinandersetzung wieder ein Stück mehr bei mir selbst und meinen Träumen angekommen. Ich habe mir nun einen großen Traum mit diesem Buch selbst ermöglicht. Ich habe meinen Wunsch, meine Erfahrungen weiterzugeben, sie dir für die Entwicklung deines (mentalen) Wohlbefindens mitzugeben, und das Ziel durch die Veröffentlichung dieses Buch umgesetzt. Es gibt keine zu großen Träume. Alles, was du dir vorstellen kannst, kannst du auch erreichen.

Du hast im Laufe der Lektüre gemerkt und erkannt, dass (mentale) Gesundheit langfristig und nachhaltig nicht durch eine Übung aufgebaut werden kann. Es hängt alles zusammen, beeinflusst sich gegenseitig und alles gemeinsam ist für dein (mentales) Wohlbefinden wichtig: Dankbarkeit, Zufriedenheit, Motivation, Mut, Leidenschaft, Bewegung und Ernährung, die Komfortzone zu verlassen, das Annehmen deiner Vergangenheit usw. Alles zusammen stärkt dich und dein Mindset und ist somit für dich und dein positives Selbstwertgefühl, für dich als Mittelpunkt deines Dreiecks verantwortlich. Alle Faktoren zusammen und gemeinsam bilden dein (mentales) Wohlbefinden und langfristig und nachhaltig deine (mentale) Gesundheit.

Ich wünsche mir, dass du deine Dankbarkeitskraft für dich in deinem Alltag entwickeln kannst, dass du sie immer einsetzen kannst, denn sie weist dir deinen Weg. Sie ist dieses große, mächtige Tool, dieser Hauptfaktor, der in deiner Hierarchie ganz oben steht und durch dessen Einsatz du in allen Bereichen alle anderen Eigenschaften einsetzen und Fähigkeiten erfahren kannst. Ich wünsche mir, dass du deine Dankbarkeits-kraft in deinem Alltag nachhaltig etablierst und ein-setzen kannst. Ich wünsche mir, dass du dir genauso wie ich deine innere Basis schaffen kannst, die deine Grundlage für alle Herausforderungen, Träume und Gefühle ist. Ich wünsche mir, dass du ab jetzt deinen Mut über deine Ängste, Selbstzweifel und Unsicherhei-ten stellst, dass du aktive mentale sowie körperliche Pausen bewusst machst, dass du deine Träume aus dei-nem Kopf in dein Leben holst und dass du dich selbst zum Gesundheitsmanager in deinem Leben für deinen Alltag machst. Ich wünsche mir, dass du erkennst, dass du dein Leben nach deinen Erwartungen leben darfst und leben sollst, Erwartungen anderer ausblenden darfst und negative Glaubenssätze ablegst. Ich wün-sche mir, dass du deine innere Balance findest und dir dein inneres Gleichgewicht langfristig und nachhaltig aufbauen kannst. Ich wünsche mir, dass dieses Buch einen Teil dazu beiträgt und eine Unterstützung für dich und den Aufbau deines langfristigen (mentalen) Wohlbefindens ist.

Auch ich habe aktiv gelernt, für meine Vergangen-heit dankbar zu sein. Ich kann heute und rückblickend Dankbarkeit für alles tief in meinem Inneren spüren. Dankbarkeit für alles, was herausfordernd und belas-tend war, Dankbarkeit für alles, was nicht war und ich nicht erlebt habe. Dankbarkeit aber auch für mich in meiner Vergangenheit, für mein vergangenes Ich. Ich habe gelernt und ich erlaube mir heute, mein vergan-genes Ich nicht (mehr) zu verurteilen. Ich habe mich weiterentwickelt. Ich habe neue Eigenschaften und Fähigkeiten entdeckt und habe mich angenommen.

Egal, wer oder wie ich in meiner Vergangenheit war, gehandelt oder reagiert habe, mein vergangenes Ich mit all seinen Eigenschaften, Werten und Handlungen ist ein Teil von mir. Ich habe es angenommen und ich habe erkannt, dass mein Ich heute nicht dasselbe ist. Ich habe mir erlaubt, mich weiterzuentwickeln, Neues zu lernen, neue und andere Erfahrungen zu machen, neue Begegnungen zu erleben und vor allem Investitionen zu tätigen, die für mein (mentales) Wohlbefinden im Alltag und nachhaltig für meine (mentale) Gesundheit nicht nur wichtig, sondern notwendig sind. Ich habe mir aktiv erlaubt, mein vergangenes Ich zu verlassen und mich von ihm zu verabschieden, indem ich dankbar bin, gleichzeitig aber mein gegenwärtiges Ich aktiv leben lasse und ehrlich und selbstbewusst präsentiere.

Ich habe all diese Kapitel so für dich zusammengefasst, wie ich sie früher auch gerne gelesen hätte. Ich habe dir meine Erfahrungen zusammengetragen, das Buch aber dennoch zu einem Wohlfühlort für dich gemacht, zu dem du gerne immer mal wieder zurückkehren darfst. Den Aufbau deiner mentalen Stärke und die langfristige Entwicklung deines (mentalen) Wohlbefindens erreichst du nur durch Regelmäßigkeit und regelmäßiges Üben. Übung macht dich selbst zum Meister deines Lebens und zum Gesundheitsmanager in deinem Alltag. Versuche geduldig zu sein, denn auch deine mentale Stärke darf langsam und in kleinen, aber kontinuierlichen Schritten aufgebaut werden, um nachhaltig etabliert werden zu können.

Danke, dass du diesen Weg mit dir selbst und mit mir als Coach in diesem Buch zu dir selbst gegangen bist. Danke, dass ich dich ein Stück weit begleiten durfte. Du bist jetzt gut vorbereitet und du hast dieses Buch als mentale Stütze zu Hause. Zum Abschluss und bevor ich mich nun in diesem Buch ganz von dir verabschiede, gebe ich dir noch einige Goodies in Form meiner liebsten und all time favourite Wohlfühlrezepte mit. Du findest auf den letzten Seiten dieses Buches nun Rezepte zu meinen Energieboostern für deinen mental starken Start in jeden Tag und das Rezept zu meinen Lieblingsweihnachtskeksen, die ich in der Adventszeit rauf und runter backe und natürlich auch selbst vernasche. :) Viel Spaß beim Nachmachen, Nachbacken und Genießen, vor allem aber viel Spaß mit deinem mental starken Ich in deinem Alltag. Viel Spaß beim Leben deiner Träume in deinem realen Leben, bei deinen Mutausbrüchen und auf dem Weg zu deinen Zielen. Genieße deine neuen Glücks- und Erfolgsgefühle und sei stolz auf dich! Du bist stark, du bist selbstbewusst und du fühlst dich (mental) wohl. Du darfst glücklich sein und du darfst und du sollst strahlen, ohne Wenn und Aber. :)

Alles Liebe,
deine Natalie

Add ons

Meine Lieblingsrezepte für dich

Für deinen guten Start in den Tag zwei meiner Lieblingsfrühstücksbowls, die mir eine kraftvolle und energiereiche Grundlage für jeden Tag schaffen:

Bananenporridge

- 25 g Haferflocken (feinblättrig)
- 1 reife Banane
- 1/2 - 1 TL Ceylon-Zimt (gemahlen)
- Himbeeren oder Erdbeeren (frisch oder tiefgekühlt) nach Geschmack

Ich nehme die Haferflocken (ja, Haferflocken und Nudeln sind die einzigen Lebensmittel, die ich genau abwiege), gebe sie in einen kleinen Topf und übergieße sie direkt mit heißem Wasser und rühre sie mit einem Holzkochlöffel um.

Ich stelle die Herdflamme oder Herdstufe auf niedrig, bis die Haferflocken zu köcheln beginnen, schneide mir dann eine Banane in den noch köchelnden Porridge. Ich nehme dafür immer eine reife Banane, da sie mehr Süße gibt und der Porridge schön cremig wird. Ich rühre mehrmals um und lasse Haferflocken und Banane zusammen noch etwas weiterköcheln (zirka zwei bis drei Minuten), manchmal gebe ich auch noch einen Schluck Wasser dazu, damit es schön cremig bleibt. Ich rühre ein letztes Mal im Topf um, wenn die Banane bereits weich geworden ist, drehe die Herdplatte oder Herdflamme aus und gieße mein Porridge in meine Bowl. Ich streue mir dann gemahlenen Ceylon-Zimt darüber und rühre ihn unter. Dann lasse ich mir meinen Porridge gut schmecken. Besonders im Winter und an kälteren Tagen ist dieser warme Porridge mit Banane und Zimt ein richtiges Wohlfühlgefühl für den Bauch und den gesamten Organismus.

Was ich ab und zu noch zusätzlich mache:
Entweder tiefgefrorene Himbeeren oder auch frische Erdbeeren (die Erdbeeren schneide ich dafür in dünne Scheiben) in einen zweiten kleinen Topf geben und erwärmen, bis sie weich und warm und etwas matschig sind. Ich gebe die roten Früchte dann als zusätzliches Topping, nachdem ich den Zimt untergerührt habe, auf meinen Porridge.

Joghurt-Skyr-Bowl

- 20 g Haferflocken (feinblättrig)
- 1/2 - 1 TL Ceylon-Zimt (gemahlen)
- 1 Prise Kurkuma (gemahlen)
- 6 EL Skyr
- 4 EL Joghurt (1,8 % Fett)
- 1/2–1 Banane
- Obst und Beeren nach Saison

Ich nehme 20 Gramm feinblättrige Haferflocken und gebe gemahlenen Ceylon-Zimt sowie gemahlenes Kurkuma dazu. Achtung, bei Kurkuma nicht zu viel, da es dann etwas bitter wird, passiert mir nämlich ab und zu. Ideal dafür ist ein Behälter mit kleinen Öffnungen oder Lochöffnungen, damit nicht direkt so viel herauskommen kann. Ich gebe dann zirka sechs Esslöffel Skyr und vier Esslöffel leichtes Joghurt (ich nehme nicht mehr das stärkste, aber auch nicht das leichteste, meistens eines mit 1,8 % Fett, ist aber auch von keiner Bedeutung, welches hier genommen wird!) und rühre alles unter. Ich lasse es dann im Kühlschrank zugedeckt über Nacht stehen. Am nächsten Morgen schneide ich mir eine halbe Banane und eine Sorte anderes Obst, Erdbeeren, Himbeeren oder Heidelbeeren, Pfirsich, Ananas, Marillen, je nach Saison und im Winter oft nur einfach eine ganze Banane, in meine Bowl.

Ich liebe diese Bowl besonders, um ein richtiges Sättigungsgefühl zu bekommen, das habe ich beim Porridge ehrlich gesagt nicht so wirklich. Gleichzeitig ist diese Bowl eine Art Erfrischung für mich.

Ingwer Shot

Im Herbst und Winter bis in den Frühling hinein mein Immunbooster schlechthin. Den Ingwershot macht ehrlicherweise immer mein Partner, aber ich habe ihm für dich mal über die Schulter geschaut.

Alles, was du dafür benötigst, ist:
- 1 frische Ingwerknolle, ca. 85 g
- 1/2 Zitrone
- 250–300 ml Wasser
- Optional: 1 TL Honig

Zuerst den Ingwer gründlich waschen, in kleine Würfel oder Scheiben schneiden und anschließend in den Standmixer geben. Zitrone (wir nehmen 1/2 Zitrone, kann nach Belieben aber auch mehr sein) hineinpressen und Wasser dazugeben. So lange zusammen mixen, bis eine fein pürierte Masse entsteht. Danach durch ein feines Sieb filtern und in eine Glasflasche abfüllen. Mein Partner presst die gemixte Masse zusätzlich noch einmal in einer Handsaftpresse aus. Im Kühlschrank aufbewahren und vor der Verwendung kräftig schütteln.

Je nach Schärfegrad mehr oder weniger Wasser hinzufügen. Optional auch einen Teelöffel Honig in den Mixer geben.

Gerne kannst du dir den genauen Vorgang auf meinem Instagramprofil (@natalie_derk) in einem Reel vom 07.10.2023 ansehen. :)

Grüner Smoothie

Auf den ersten Blick wird dieser Smoothie beziehungsweise werden die Zutaten vielleicht nicht sehr einladend für dich wirken, aber probiere ihn gerne mal aus. Du kannst ihn ja auch etwas abwandeln. Ich für mich habe ihn im ersten Lockdown, also im Frühjahr 2020, kreiert, da ich einen Gemüsesmoothie machen wollte, der aber natürlich schmecken und doch ein bisschen Süße mitbringen soll.

Ich nehme (für 2 Smoothies):
- 1 Handvoll Blattspinat
- 1 Handvoll Vogerlsalat
- 1–2 Stiele Stangensellerie
- 1 Kiwi
- 1 große Medjoul-Dattel
- 300–400 ml Wasser

Ich wasche die ersten drei Zutaten, schneide Stangensellerie und Kiwi klein (Kiwi davor abschälen!), entkerne die Datteln und zerkleinere sie. Ich gebe alles in einen Standmixer und füge kaltes Wasser dazu. Ich nehme dafür immer ein 0,25-l-Glas und dann noch mal zirka die Hälfte von diesem Glas. Ich mixe die Zutaten zuerst für zirka ein bis zwei Minuten auf höchster Stufe, schalte danach auf die niedrigste Stufe und lasse sie weitermixen. Ich fülle sie in Gläser (bitte in keine Plastikflaschen!) und stelle sie in den Kühlschrank. Am nächsten Tag gut schütteln und einen Energie- und Frischekick erleben.

Meine allerliebsten Weihnachtskekse – „Nusskrapferln" von meiner Omi

Für den Teig:
- 210 g weiche Butter
- 250 g glattes Mehl
  (Ich nehme Dinkelmehl.)
- 70 g Staubzucker
  (Ich nehme Birkenzucker.)
- 100 g geriebene Nüsse
  (Ich nehme geriebene Mandeln.)
- 1 Eidotter
- 1 Schuss Zitrone
  (Ich halbiere die Zitrone und tröpfle direkt ein bisschen was in den Teig. Achtung auf die Kerne!)

Für Füllung und Glasur:
- Marmelade(n) nach Bedarf
  (Ich nehme Marillenmarmelade.)
- Kochschokolade zum Bestreichen
- Zuckerstreusel, Walnüsse oder andere Toppings nach Geschmack

Alle Zutaten in eine Schüssel geben und gut durchkneten (Mürbteig). Eine Kugel formen, auf einen Teller geben, zudecken und für eine halbe Stunde im Kühlschrank rasten lassen. Danach den Teig auf einem bemehlten Nudelbrett (ich teile ihn immer in zwei Hälften und lasse die zweite Hälfte noch im Kühlschrank) mit einem Nudelholz beliebig dick ausrollen. Ich mag gerne eher dünnere Kekse, da sie ohnehin zusammengeklebt werden und somit doppelt so dick sind zum Schluss.

Ich steche die Kekse immer mit einer runden Form aus, du kannst natürlich jeden beliebigen Keksausstecher nehmen; die runden sind allerdings die praktischsten. Rentiere, Glocken und Christbäume kommen bei mir dann beim Lebkuchenteig zum Einsatz.

Das Backrohr auf 180 °C vorheizen. Ein oder mehrere Ofenbleche mit Backpapier auslegen und die Kekse darauf verteilen, nicht dicht aneinander, aber es darf ruhig enger gelegt werden als zum Beispiel bei Lebkuchen, da die Kekse nicht so stark aufgehen. Die Kekse ein paar Minuten hellbraun backen. Danach nehme ich sie vom heißen Backblech und lege sie zum Auskühlen auf einen Teller.

Ein paar Stunden später oder am nächsten Tag fülle ich die Kekse mit Marmelade. Ein Keks – Marmelade – ein zweiter Keks obenauf.

Wenn alle Kekse mit Marmelade gefüllt sind, erwärme ich Kochschokolade in einem kleinen Topf im Wasserbad, bis sie schön cremig ist, und bestreiche die Kekse dann mit einem Teelöffel mit Schokolade. Als Topping verwende ich entweder bunte Zuckerstreusel oder ein kleines Stück Walnuss. Das Topping direkt nach der Schokolade, also wenn diese noch flüssig und warm ist, hinaufgeben. Am besten schon während des Backens und Glasierens naschen.

Merry Christmas!

Meine Lieblingsrezepte für dich

Danksagung

Das Buch habe ich alleine geschrieben und doch waren so viel mehr Menschen daran beteiligt als nur ich als Autorin.

Bedanken möchte ich mich ganz besonders bei meinen Eltern, die sofort begeistert waren, die mich immer unterstützen, mir Arbeit abnehmen und mir damit wertvolle Zeit u.a. für dieses Buchprojekt geschenkt haben und mir immer noch unvergessliche gemeinsame Urlaubserinnerungen schaffen. Danke, Mama und Papa, dass ich immer sein durfte, wie ich bin, dass ihr mir immer die Freiheit gegeben habt, meine eigenen Entscheidungen zu treffen und dass unsere Beziehung trotz oder gerade aufgrund aller Herausforderungen und Hindernisse, die uns das Leben gestellt hat, sehr innig ist und wir uns sehr lieb haben und uns das auch (fast) jeden Tag sagen.

Ein großes Dankeschön möchte ich auch meinem Partner aussprechen, der in unserer nicht allzu großen Wohnung in Wien abends mit Kopfhörern ferngesehen hat, damit ich ungestört schreiben und arbeiten kann, sich meinen Launen und Tagesplänen immer angepasst hat und immer für mich da ist. Ich freue mich auf alle gemeinsamen Abenteuer und alles, was das Leben für uns bereithält.

Eine große Aufmerksamkeit und ein herzliches Danke möchte ich meiner lieben Freundin Kate zuteilwerden lassen, die sich ohne zu zögern bereit erklärt hat, den Rohtext gegenzulesen. Sie hat diese Arbeit liebevoll und fokussiert angenommen. Ich bin sehr froh, dich in meinem Leben zu haben und dass aus Gästen in unserer Pizzeria nun Freunde fürs Leben geworden sind. Let's see what happens next!

Hervorheben möchte ich darüber hinaus die Zusammenarbeit mit meinem Buchverleger, die stets professionell, organisiert und unterstützend war. Vor allem der Konzeptionsworkshop gemeinsam mit Stefan Wagner von der Union Wagner in Wien hat meinen Schreibprozess, mich als angehende Autorin und das Gerüst dieses Buches geformt. Ein großes Danke für diese wertvolle Unterstützung und Anleitung!

Danke auch an meine liebe Omi, zum einen für das Rezept der leckersten Weihnachtskekse, und zum anderen für alles, was du mir beigebracht hast, dass du immer für mich da warst, dass du mich so lieb hast und ich viel Zeit mit dir verbringen durfte. Du hast mich vieles gelehrt, mir vieles gezeigt und mich immer geduldig gesund gepflegt.

Und last but not least DANKE an dich als Leser, dass du dich auf diese Reise zu dir selbst und zu deinem (mentalen) Wohlbefinden gemeinsam mit mir als Coach begeben hast und dass ich dich auf deinem Weg ein Stück weit begleiten und unterstützen durfte.

Ich freue mich sehr über Interaktionen und über dein Feedback auf meinem Instagramkanal @natalie_derk und per E-Mail natalie.derkits@outlook.com.